Ute Hammond

Mein erstes Strickbuch

Dieses Buch widme ich meinen Kindern
Kira, Anthony, Christopher und Philippa, die sehr viel Geduld mit mir hatten.

Ute Hammond

Mein erstes Strickbuch

Der Strick-Kurs für Kinder

Augustus bei Knaur

„Hilfe,
kann ich das überhaupt?"

denkst du dir jetzt vielleicht. Wahrscheinlich hast du in der Schule schon ein bisschen stricken gelernt, weißt, wie man Maschen anschlägt (denn die braucht man ja beim Stricken), wie man rechte und linke Maschen strickt und wie man Maschen abkettet. Aber selbst wenn du noch ein richtiger Anfänger bist, nur keine Sorge: Hier kann nichts passieren, und selbst wenn du mal etwas falsch machst, ist es nicht schlimm.

Ich habe mir Mühe gegeben, alle „Rezepte" so zu erklären, dass du sie ganz einfach nachstricken kannst. Sicher gibt es auch jemanden in deiner Nähe, der dir, wenn es ein bisschen kompliziert wird, helfen kann.

Manches sieht auf den ersten Blick sehr schwierig aus, weil die Anleitung so lang ist – aber genau das ist der Trick dabei! Ich habe jede Masche und jede Reihe einzeln aufgeschrieben, damit du ein Lineal unter die Zeile, an der du gerade strickst, legen kannst und immer nur das, was in dieser Reihe steht, nachstricken musst. Nach jeder gestrickten Reihe rückst du einfach mit dem Lineal eine Zeile tiefer.

Ich habe fast alle Modelle mit rechten Maschen entworfen und mit dicker Wolle gestrickt, damit du schnell ein großes Stück schaffst und die Maschen gut „aufspießen" kannst.

Für Handschuhe, Socken, Pullis und Westen findest du vor dem jeweiligen Kapitel eine Zeichnung in drei verschiedenen Farben und Größen. Die rote Zeichnung steht immer für die kleinste Größe, blau für die mittlere Größe und grün für die größte Größe. Stricke nach der Größe, die dir am besten passt. Ist es zum Beispiel die größte, also die grüne Größe, dann richte dich immer nach den grünen Zahlen.

Gleich am Anfang des Buches habe ich dir noch Tips und Tricks über Nadeln, Wolle, Reihen zählen, Maschen zu- und abnehmen, und, und, und aufgeschrieben.

Und noch ein spezieller Trick:
Wenn du die Buchseiten am oberen Rand des Buches mit einer Wäscheklammer festklemmst, bleibt immer die Seite aufgeschlagen, die du gerade brauchst.

Jetzt musst du nur noch anfangen!

Viel Spaß und gutes Gelingen wünscht dir

Ute Hammond

Inhalt

Kleine Nadel- und Wollkunde
Seite 6

Tips und Tricks
Seite 6 – 9

Schals
Seite 10 – 13

Mützen
Seite 14 – 20

Handschuhe
Seite 21 – 30

Pullover und Westen
Seite 31 – 41

Socken
Seite 42 – 55

Kleine Nadel- und Wollkunde

Stricknadeln

Es gibt verschiedene Stricknadeln in verschiedenen Längen und in verschiedenen Stärken (das ist die Dicke der Nadel) zwischen 2 und 12 mm. Dazwischen gibt es auch noch halbe Millimeter.

Die beiden wichtigsten Stricknadelarten, die du fürs Stricken brauchst, sind:

Jackennadeln

Man kann natürlich nicht nur Jacken damit stricken, sie heißen nur so. In einer Packung sind immer zwei Stück. Sie haben am Ende einen Knopf, auf dem die Stärke steht und der die Maschen aufhält, damit sie nicht herunterrutschen.

Strumpfnadeln

Es sind immer fünf Nadeln in ein Päckchen gepackt. Sie sind meistens nur 20 cm „kurz". Man nennt sie auch ein Nadelspiel.

Sticknadeln

Sticknadeln gibt es dicke und dünne, mit und ohne Spitze.

Für dich eignet sich am besten eine stumpfe Sticknadel mit einem ganz großen Öhr.
Es gibt natürlich noch viele, viele andere Nadeln, das sind aber erst einmal die wichtigsten.

Wolle

Es gibt viele hundert Arten: dicke Wolle, dünne Wolle, glatte Wolle, haarige Wolle, reine Wolle, Wolle mit Baumwolle und Wolle mit Synthetic-Garn. Ich werde dir nur die wichtigsten beschreiben:

Glatte Wolle nennt man meistens Sportwolle, Sockenwolle oder Trachtenwolle.
Wuschlige Wolle nennt man Mohair oder Angora.
Genoppte Wolle nennt man Tweed.
Ombrierte Wolle nennt man Wolle, die in einigem Abstand immer wieder eine andere Farbe hat.

Du solltest dir für den Anfang eine glatte, stark gedrehte Wolle aussuchen, denn du spaltest sie beim Stricken nicht und erkennst die Maschen besser.

Um die meisten Wollknäuel ist ein Papierband gewickelt, auf dem der Name der Wolle steht, wer sie herstellt, woraus sie besteht und mit welcher Nadelstärke man sie stricken soll.

Tips und Tricks

Wenn du alles, was du auf den nächsten drei Seiten siehst, noch nie gehört hast, solltest du dir das erst von jemandem erklären lassen, bis du alles verstanden hast und gut kannst.

Maschen anschlagen

Auf den Zeichnungen siehst du, wie man Maschen anschlägt und wie zum Schluß die Maschen auf den beiden Nadeln liegen. Du musst danach eine Nadel vorsichtig herausziehen und mit ihr beginnst du zu stricken.

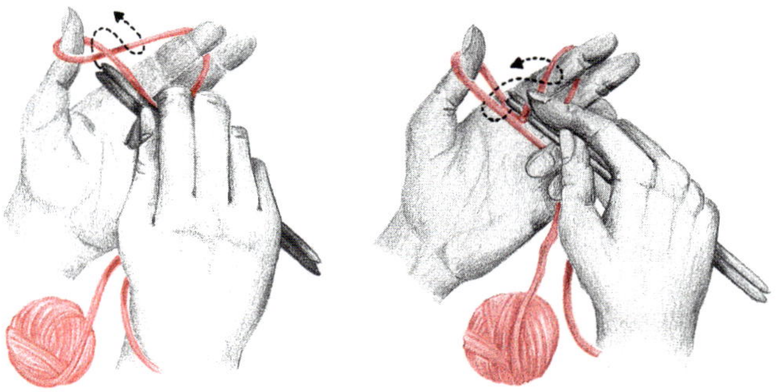

Rechte Maschen

So strickt man rechte Maschen. Auf der Rückseite sieht eine rechte Masche wie eine linke Masche aus.

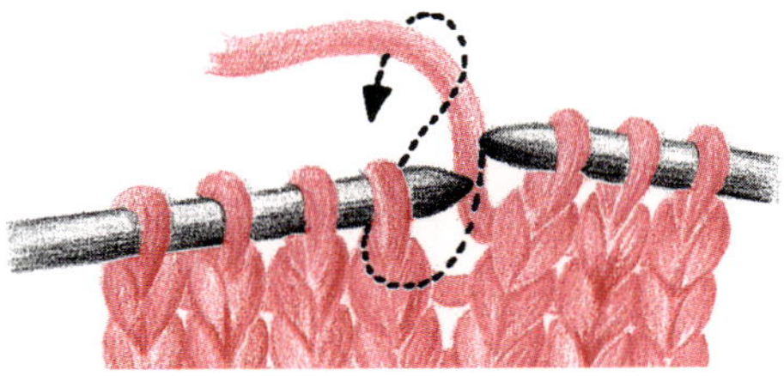

Linke Maschen

So strickt man linke Maschen. Auf der Rückseite sieht eine linke Masche wie eine rechte Masche aus.

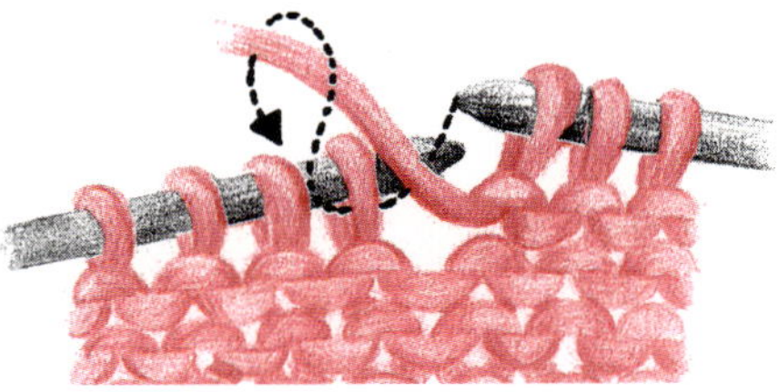

Randmaschen

Am Rand musst du, wie der Name schon sagt, Randmaschen stricken. Am Anfang einer Reihe strickst du eine Masche rechts verschränkt, das heißt, du stichst mit der Nadel hinten ein und strickst eine rechte Masche. Am Ende der Reihe hebst du die letzte Masche einfach ab, ohne sie zu stricken. Hast du rechte Maschen gestrickt, legst du den Faden nach vorne. Hast du linke Maschen gestrickt, ist er ja sowieso schon vorne.

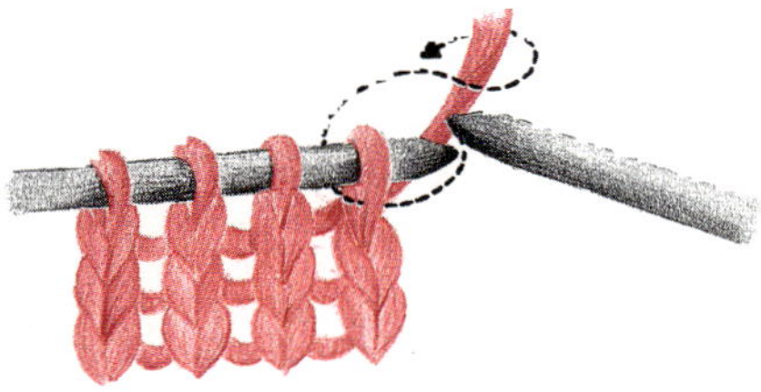

Reihen zählen

Wenn man immerzu rechte Maschen strickt, nennt man das kraus rechts. Wie das aussieht, siehst du auf dem Foto:

Zwei Reihen kraus rechts gestrickt sehen aus wie eine kleine Raupe, und ich nenne es daher ein „Räupchen". Eine Räupchen-Reihe sind also zwei gestrickte Reihen. Bei langen, kraus rechts gestrickten Teilen, wie zum Beispiel einem Schal, kannst du

ganz einfach die Räupchen zählen und mal zwei nehmen. Schon weißt du, wie viele Reihen du gestrickt hast. Das geht viel einfacher und schneller. Bei glatt rechts gestrickten Teilen müssen auf der Oberseite rechte Maschen und auf der Rückseite linke Maschen gestrickt werden. Das sieht dann so aus:

Wenn du Muster stricken möchtest, musst du immer überlegen, welche Seite die Vorderseite werden und wie dort das Muster aussehen soll. So kannst du immer zwischen rechten und linken Maschen abwechseln, um z.B. ein Bündchen zu stricken.

Abketten

Auf der Zeichnung unten siehst du, wie man Maschen überzieht beziehungsweise abkettet. Du strickst zwei Maschen und ziehst dann die hintere Masche über die vordere. Dann strickst du die nächste Masche und ziehst die vom letzten Mal übriggebliebene wieder darüber. Das geht immer so weiter, bis du nur noch eine Masche auf der Nadel hast. Du schneidest dann den Faden ab und ziehst ihn durch diese letzte Masche. Mit dieser Methode kannst du dein Strickstück beenden.

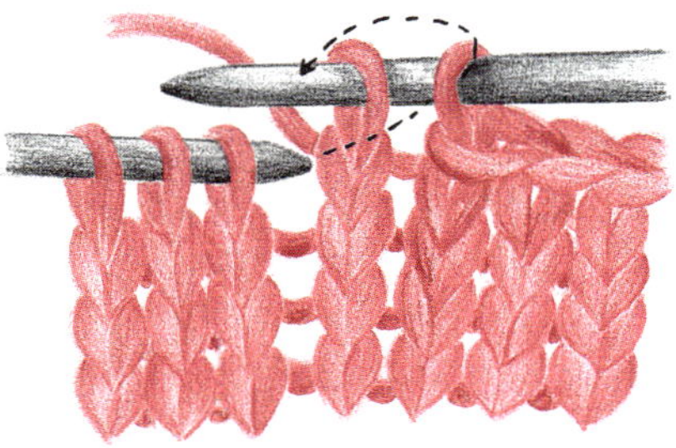

Maschen abnehmen

Wie du Maschen abnehmen kannst, siehst du auf den nächsten beiden Zeichnungen:

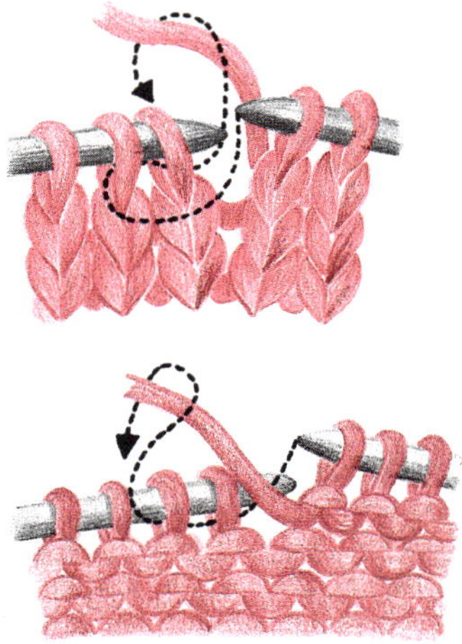

Wenn du eine rechte Reihe strickst, strickst du einfach zwei Maschen rechts zusammen. Wenn du eine linke Reihe strickst, strickst du zwei Maschen links zusammen.

Maschen herausstricken

An der Stelle, an der du zunehmen willst, musst du in die Masche, die darunterliegt (das ist die gelbe Masche in der Zeichnung) einstechen. Jetzt hebst du sie auf die linke Nadel und strickst sie. Danach strickst du ganz normal die nächste (rote) Masche.

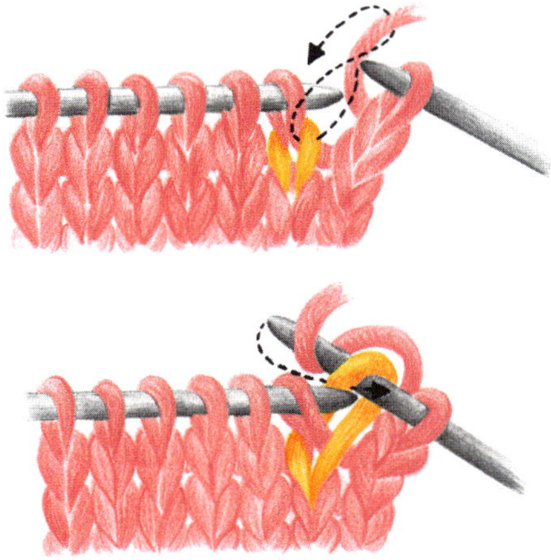

Fäden vernähen

Damit dein Strickstück schön aussieht und auch beim Tragen kein Loch entsteht, musst du die

Fäden vernähen. Fädle den Faden durch das Öhr der Sticknadel und ziehe ihn auf der Rückseite deiner Arbeit durch die Maschen hindurch.
Er muss sich wie eine Raupe durch ungefähr 6 Maschen hindurchschlängeln:

Strickteile zusammennähen

Wenn du zwei Strickteile zusammennähen willst, dann gibt es zwei Möglichkeiten.
Du legst die beiden Strickteile aufeinander, die „schöne" Seite auf die „schöne" Seite, und nähst immer von oben nach unten und von unten nach oben mit schönen kleinen Stichen.
Etwas hübscher wird das Ganze, wenn du im Matratzenstich nähst. (Hat nichts mit Müdesein und Schlafen zu tun!) Beim Matratzenstich werden die Teile nicht aufeinandergelegt, sondern aneinander, und es wird auch nicht von oben nach unten, sondern von rechts nach links (umgekehrt geht's auch) genäht. Schau dir die Zeichnung an.

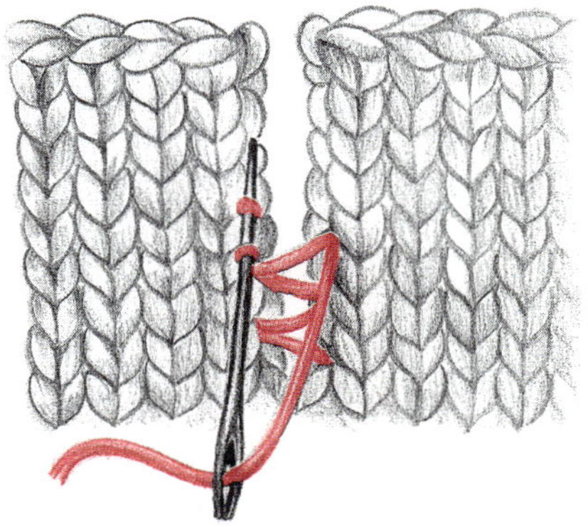

In Runden stricken

Wenn du die Handschuhe für Fortgeschrittene (auf Seite 25) oder die Socken für Neugierige (auf Seite 45) stricken willst, strickst du mit fünf Nadeln (einem Nadelspiel) und in Runden. Wie schließt du aber nun eine Runde?

Du musst die Maschen auf vier Nadeln anschlagen und mit der 5. Nadel anfangen zu stricken.
Also zuerst die Maschen der 1. Nadel abstricken.
Jetzt sind die Maschen der 1. Nadel auf der 5. Nadel. Nun strickst Du mit der 1. Nadel die Maschen von der 2. Nadel. Dann mit der 2. Nadel die Maschen von der 3. Nadel. Und schließlich mit der 3. Nadel die Maschen von der 4. Nadel.
Jetzt bist du am Ende der Runde. Aber eigentlich ist es noch gar keine Runde.
Erst wenn du die Maschen der nächsten Nadel (es war die Nadel Nummer 5 und ist jetzt die Nadel Nummer 1) abstrickst, wird es eine Runde. Es ist, als ob sich eine Raupe in den Schwanz beißt!

Es gibt auch einen Trick, damit die Maschen sich beim Schließen der Runde nicht verdrehen, den ich dir hier verraten will.
Er geht so: Du schlägst alle Maschen auf einer Nadel an und strickst ein paar Reihen immer hin und her. Wenn du ein kleines Stück gestrickt hast, verteilst du die Maschen auf die vier Nadeln.
Du kannst dann beim Schließen der Runde sehen, ob die gestrickten Maschen alle schön nach unten liegen. Wenn du mit dem Handschuh oder dem Socken fertig bist, nähst du den kleinen Schlitz am Anfang zu.

Schals

Der allereinfachste Schal

Der aller-, allereinfachste Schal ist aus einer einzigen Wolle gestrickt. Willst du den Schal im Mantel oder unter dem Anorak tragen, dann musst du ihn ungefähr 100 bis 120 cm lang stricken.

Damit das Stricken aber lustiger ist, strickst du mit mehreren Farben. Es ist auch ganz einfach. Also –

Das brauchst du:
1 Paar Stricknadeln, Stärke 5
50 Gramm schwarze Wolle
50 Gramm gelbe Wolle
50 Gramm grüne Wolle
50 Gramm pinkfarbige Wolle
1 dicke Sticknadel

Ich habe für den Schal auf dem Foto die Wolle Alpina von Schachenmayr Nomotta verwendet, und zwar in den Farben Schwarz (Nr. 99), Gelb (Nr. 20), Flaschengrün (Nr. 70) und Freesie (Nr. 46).

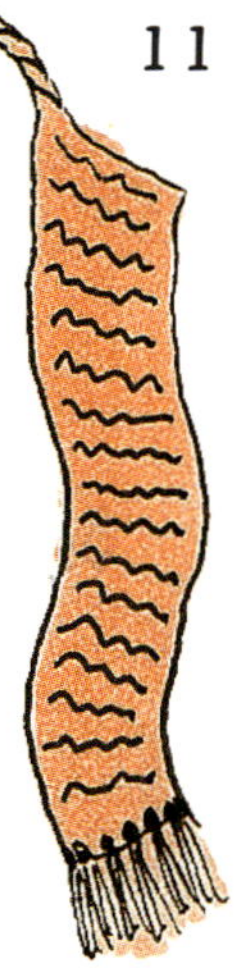

Du schlägst 25 Maschen mit der schwarzen Wolle an und strickst immer rechte Maschen.

Also: 1. Reihe: rechte Maschen
2. Reihe: rechte Maschen
3. Reihe: rechte Maschen

und immer so weiter, bis du 100 Reihen schwarz gestrickt hast. (Das sind 50 Räupchen.)
Weiter geht es mit der gelben Wolle.
Stricke auch 100 Reihen.
Danach strickst du 100 Reihen mit der grünen Wolle und dann noch einmal 100 Reihen mit der pinkfarbigen Wolle.
Jetzt musst du nur noch die Maschen abketten, die Fäden vernähen und fertig ist dein Schal.

Gefällt er dir?

Ein Ringelschal

Das brauchst du:
1 Paar Stricknadeln, Stärke 5
100 Gramm rote Wolle
100 Gramm weiße Wolle
50 Gramm blaue Wolle
1 dicke Sticknadel

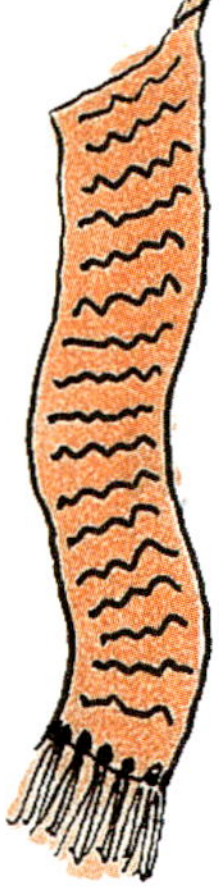

Ich habe für den Schal auf dem Foto die Wolle Alpina von Schachenmayr Nomotta verwendet, und zwar in den Farben Rubin (Nr. 31), Weiß (Nr. 01) und Königsblau (Nr. 51).

Beginne mit der roten Wolle.
Schlage 25 Maschen an,
und stricke immer rechte Maschen
Stricke 4 Reihen rot.
Diese 4 Reihen rot strickst du nur am Anfang.
Es geht dann weiter mit
2 Reihen weiß und
2 Reihen rot, immer abwechselnd.
Das strickst du solange, bis du
42 Reihen rot und
40 Reihen weiß gestrickt hast
(das sind 21 Räupchen rot und 20 Räupchen weiß).
Schneide den roten Faden ab und stricke mit Blau und Weiß weiter.
Stricke 2 Reihen blau und
2 Reihen weiß abwechselnd.
Nach 40 Reihen blau
und 38 Reihen weiß (das sind 20 Räupchen blau und 19 Räupchen weiß) schneidest du den blauen und den weißen Faden ab und strickst mit dem roten Faden weiter.
Nach 160 Reihen (das sind 80 Räupchen und ungefähr 57 cm), strickst du weiter abwechselnd
2 Reihen mit dem weißen Faden und
2 Reihen mit dem roten Faden, bis du
40 Reihen weiß gestrickt hast und
38 Reihen rot (20 Räupchen weiß und 19 Räupchen rot).
Schneide den roten Faden ab.
Weiter gehts mit Blau.
Stricke wieder abwechselnd
2 Reihen blau und
2 Reihen weiß.
Stricke 38 Reihen blau und
38 Reihen weiß (das sind 19 Räupchen blau und 19 Räupchen weiß)
und dann stricke noch einmal
4 Reihen blau.
Kette alle Maschen ab.
Du musst jetzt nur noch die Fäden vernähen und fertig ist dein ringelbunter Schal.
Du kannst noch Fransen oder Bommeln an den Enden anbringen.

Wie machst du Fransen?

Das brauchst du:
Wolle
1 Postkarte
1 Häkelnadel, am besten Stärke 3 oder 4

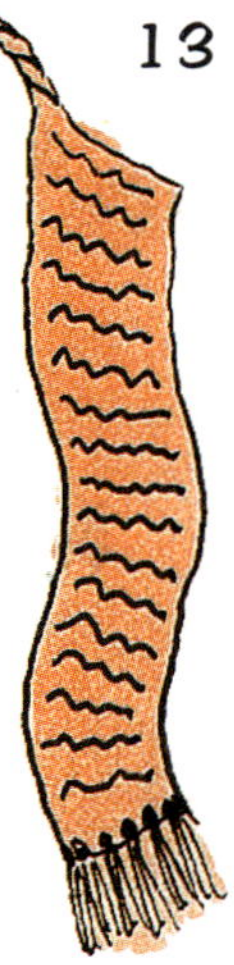

Wickle die Wolle um die Postkarte oder ein anderes Stück Pappe, das so groß sein muß, wie deine Fransen lang werden sollen. Einmal umwickelt ist hinterher eine Franse! Also wickle so oft, wie du Fransen haben möchtest.
Jetzt schneidest du die Fäden an einer Seite auf. Lasse sie vor dir liegen, damit sie nicht „verwurscheln".
Nimm die Häkelnadel und einen Faden, falte den Faden in der Mitte und ziehe die Schlaufe mit der Häkelnadel durch die 1. Masche der angeschlagenen oder abgeketteten Masche. Wenn du den Faden durch die Masche gezogen hast, mache einen Knoten, so:

Mach so weiter, natürlich an beiden Seiten deines Schals, bis du alle Fäden verbraucht hast und in jeder Masche eine Franse hängt.

Ein Taschenschal

Das brauchst du:

1 Paar Stricknadeln, Stärke 5
100 Gramm türkisfarbige Wolle
50 Gramm pinkfarbige Wolle
50 Gramm lavendelfarbige Wolle
1 dicke Sticknadel

Ich habe für den Schal dieselbe Wolle verwendet wie für die Handschuhe von Seite 23 und für die Mütze von Seite 15.

Beginne mit der pinkfarbigen Wolle.
Schlage 25 Maschen an, und stricke immer rechte Maschen.
Stricke 80 Reihen (das sind 40 Räupchen und ungefähr 26 cm). Schneide den Faden ab und stricke weiter mit der türkisfarbigen Wolle 300 Reihen (das sind 150 Räupchen und ungefähr 120 cm).

Stricke mehr oder weniger Reihen, wenn du deinen Schal kürzer oder länger haben möchtest.
Schneide den türkisfarbigen Faden ab und stricke mit der lavendelfarbigen Wolle weiter.
Stricke 80 Reihen in Lavendel (das sind 40 Räupchen und ungefähr 26 cm).
Kette alle 25 Maschen ab.
Schneide den Faden ab.
Vernähe alle Fäden mit der dicken Sticknadel.
Falte die lavendelfarbige Seite zur Hälfte nach oben und nähe sie an der Seite fest. Mit einem lavendelfarbigen Faden!
Jetzt machst du genau das gleiche mit der pinkfarbigen Seite – und dein Schal hat an jedem Ende eine Tasche für Fahrradschlüssel, Bonbons oder Kaugummi.
Noch hübscher wird dein Schal, wenn du ihn mit einem großen Knopf oder Aufbügelmotiv an der Tasche verzierst.

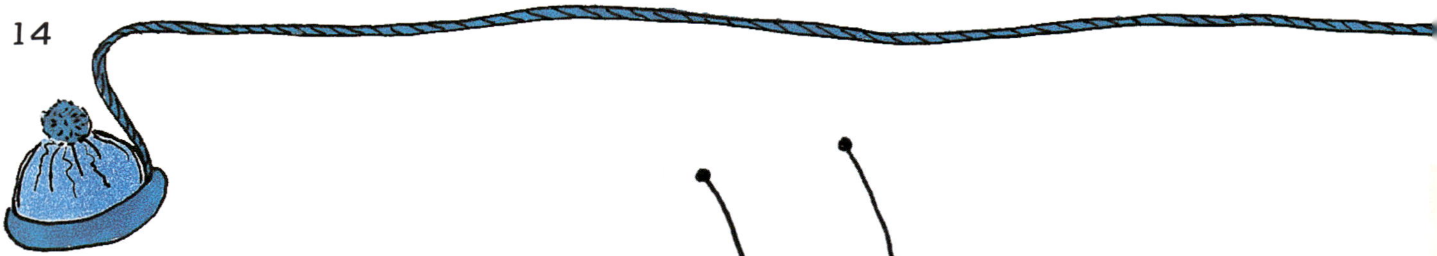

Mützen

Die allereinfachste Mütze

Das brauchst du:
1 Paar Stricknadeln, Stärke 5
100 Gramm gelbe Wolle
1 dicke Sticknadel

Ich habe für die Mütze auf dem Foto die Wolle Alpina von Schachenmayr Nomotta verwendet, und zwar in der Farbe Gelb (Nr. 20).

Schlage 80 Maschen an und stricke immer rechte Maschen, also
1. Reihe: rechte Maschen
2. Reihe: rechte Maschen
3. Reihe: rechte Maschen

und immer so weiter, bis du 54 Reihen (27 Räupchen) gestrickt hast.

Schneide den Faden dreimal so lange ab, wie deine Hand lang ist.

Mit einer Sticknadel fädelst du nun die Maschen wie Perlen von der Stricknadel herunter auf den Faden.

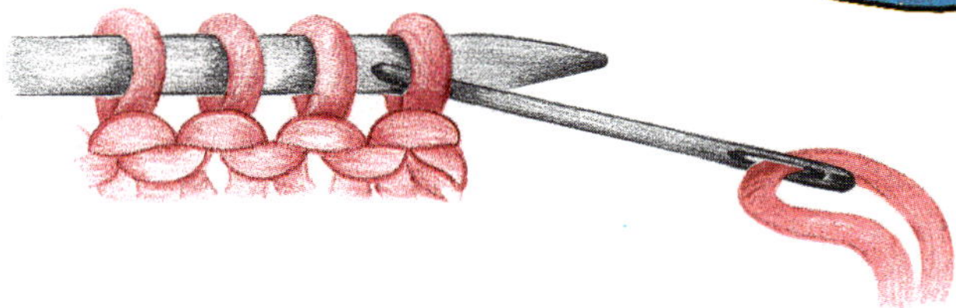

Ziehe die Mütze mit dem Faden zusammen und nähe sie mit demselben Faden an der Seite zu.
Fäden schön vernähen.
Fertig!!

Du kannst diese Mütze natürlich noch verschönern mit Schleifen, Bommeln, Knöpfen oder einer Anstecknadel.

Eine schon etwas schwierigere Mütze

Das brauchst du:
1 Paar Stricknadeln, Stärke 5
100 Gramm pinkfarbige Wolle
50 Gramm türkisfarbige Wolle
1 dicke Sticknadel

Ich habe für die Mütze auf dem Foto von Seite 15 die Wolle Alpina von Schachenmayr Nomotta verwendet, und zwar in den Farben Freesie (Nr. 46) und Petrol (Nr. 65), dann passt die Mütze zu dem Taschenschal von Seite 13 und zu den Handschuhen von Seite 23.

Schlage 80 Maschen mit der Farbe Türkis an und stricke immer rechte Maschen.
1. Reihe: rechte Maschen
2. Reihe: rechte Maschen
3. Reihe: rechte Maschen
und immer so weiter, bis du 20 Reihen (das sind 7 cm) gestrickt hast.

Stricke mit der Farbe Pink 50 Reihen (das sind 25 Räupchen).

Damit die Mütze oben schön rund wird, musst du nun abnehmen. Das geht so:

Du bist jetzt in der 71. Reihe:
Stricke die Masche 1 mit der Masche 2 zusammen, stricke die Masche 3 mit der Masche 4 zusammen, stricke die Masche 5 mit der Masche 6 zusammen, stricke die Masche 7 mit der Masche 8 zusammen und immer so weiter, bis du alle 80 Maschen zusammengestrickt hast.
Am Ende der Reihe sind dann noch 40 Maschen auf der Nadel.

72. Reihe:
Stricke die Masche 1 mit der Masche 2 zusammen, stricke die Masche 3 mit der Masche 4 zusammen, stricke die Masche 5 mit der Masche 6 zusammen, stricke die Masche 7 mit der Masche 8 zusammen und immer so weiter, bis du die Reihe zu Ende gestrickt hast.
Es sind noch 20 Maschen auf der Nadel.

73. Reihe:
Stricke die Masche 1 mit der Masche 2 zusammen, stricke die Masche 3 mit der Masche 4 zusammen, stricke die Masche 5 mit der Masche 6 zusammen und immer so weiter, bis du die Reihe zu Ende gestrickt hast.
Du hast noch 10 Maschen auf der Nadel.

74. Reihe:
Stricke die Masche 1 mit der Masche 2 zusammen, stricke die Masche 3 mit der Masche 4 zusammen, stricke die Masche 5 mit der Masche 6 zusammen, stricke die Masche 7 mit der Masche 8 zusammen, stricke die Masche 9 mit der Masche 10 zusammen.
Am Ende der Reihe hast du noch 5 Maschen auf der Nadel.

Schneide den Faden so lang wie diese Buchseite ab und ziehe ihn mit der Sticknadel durch die 5 Maschen hindurch. Zusammenziehen.
Jetzt ist die Mütze oben geschlossen.
Nähe sie auch an der Seite noch zu. Aber Achtung: Nähe am pinkfarbigen Teil mit einem pinkfarbigen Faden auf der Innenseite der Mütze und an dem türkisfarbigen Aufschlag mit dem türkisfarbigen Faden an der Außenseite, so dass die Naht auf der Innenseite ist, wenn du den Rand hochschlägst.

Nun ist die Mütze fertig. Du kannst sie aber noch verschönern, wenn du eine Bommel oben aufnähst oder mehrere in verschiedenen Farben herunterhängen lässt.

Wie machst du eine Bommel?

Das brauchst du:

1 Stück Pappe in der Stärke und Größe einer Postkarte
1 stumpfe Sticknadel
Wolle (du kannst Reste nehmen)
1 runden Gegenstand (einen Eierbecher, ein Fünfmarkstück oder ein Schnapsglas)
1 Ein-Pfennig-Stück

Nimm die Pappe und male zwei Kreise mit dem runden Gegenstand darauf.

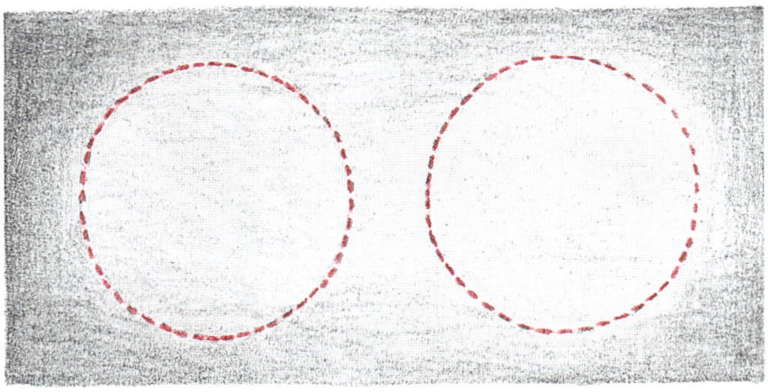

Schneide die beiden Kreise aus.
Male in die Mitte der Kreise mit dem Ein-Pfennig-Stück einen kleineren Kreis.
Schneide die beiden inneren Kreise aus.
Das sieht dann so aus:

Fädle in die Sticknadel den Wollfaden. Er soll doppelt so lang wie diese Buchseite sein. Ziehe ihn bis zur Mitte durch das Nadelöhr. Jetzt ist der Faden doppelt und es geht schneller.

Lege die beiden Pappkreise aufeinander.
Umwickle die beiden Pappscheiben, wie ich es dir gezeichnet habe.

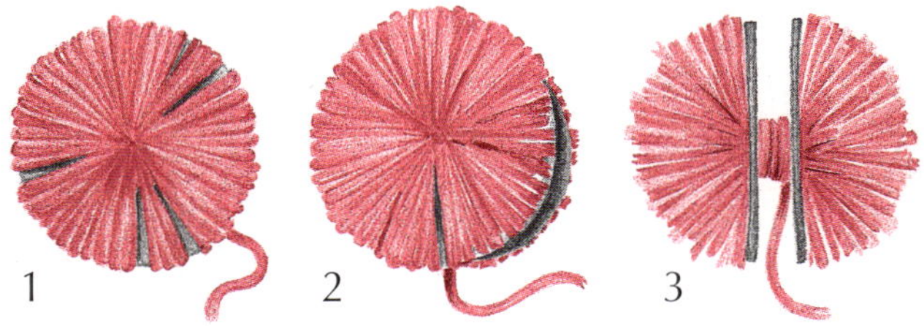

Wenn dein Faden zu Ende ist, nimm einen neuen und mache es genauso, bis das innere Loch ausgefüllt ist (Zeichnung 1).
Jetzt musst du die Wicklung an der Seite aufschneiden, am Rand zwischen den beiden Pappscheiben (Zeichnung 2). Nimm noch einmal einen Faden, führe ihn zwischen den beiden Pappscheiben hindurch, ziehe an und verknote ihn dreimal (Zeichnung 3). Ziehe die Pappscheiben heraus. Drücke die Wolle ein bisschen auseinander. Vielleicht gibt es auch ein paar Fäden, die herausstehen und die du zurechtschneiden musst, damit die Bommel schön rund ist. Du kannst sie jetzt mit dem Faden, mit dem du sie zusammengeknotet hast, festnähen.

Die schwierigste der Mützen: Mütze mit Rollrand und Sternabnahme

Das brauchst du:
1 Nadelspiel Stricknadeln, Stärke 4
50 – 100 Gramm Wolle
1 dicke stumpfe Sticknadel

Du strickst in Runden, dafür aber nur rechte Maschen und in einer Farbe. Wie das geht, kannst du auf Seite 9 nachlesen.
Schlage 96 Maschen an und verteile sie auf vier Nadeln: Das sind auf jeder Nadel 24 Maschen.

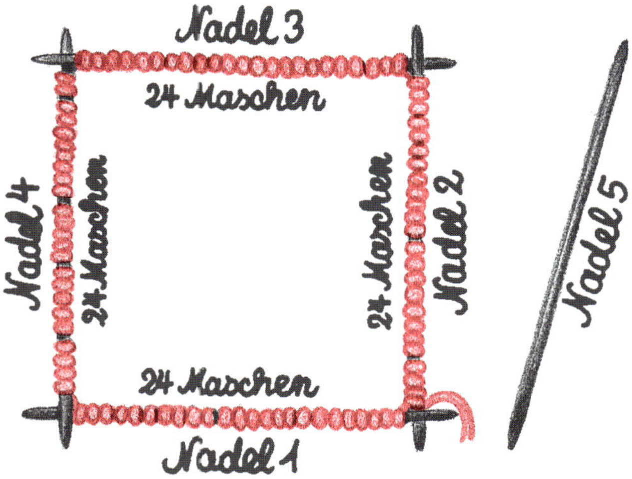

Stricke 40 Runden.
Nun kommt das Sternabnehmen. Deine Mütze hat dann oben am Kopf einen großen Stern. Das sieht sehr hübsch aus.

Ich habe dir die Maschen, die in der 41. Runde zusammengestrickt werden, hier aufgezeichnet. Das sieht so aus:

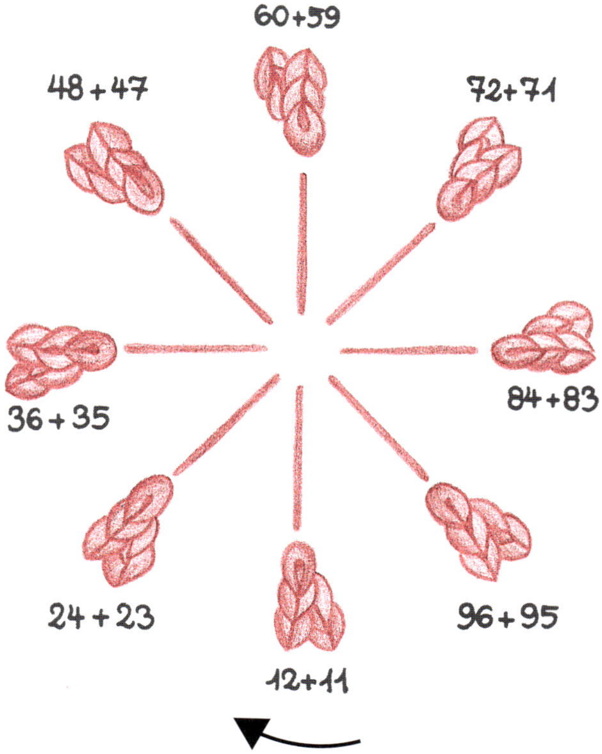

Stricke in jeder Runde die folgenden Maschen zusammen:

In der 41. Runde:
die 11. Masche mit der 12. Masche,
die 23. Masche mit der 24. Masche,
die 35. Masche mit der 36. Masche,
die 47. Masche mit der 48. Masche,
die 59. Masche mit der 60. Masche,
die 71. Masche mit der 72. Masche,
die 83. Masche mit der 84. Masche und
die 95. Masche mit der 96. Masche.

In der 42. Runde:
die 10. Masche mit der 11. Masche,
die 21. Masche mit der 22. Masche,
die 32. Masche mit der 33. Masche,
die 43. Masche mit der 44. Masche,
die 54. Masche mit der 55. Masche,
die 65. Masche mit der 66. Masche,
die 76. Masche mit der 77. Masche und
die 87. Masche mit der 88. Masche.

In der 43. Runde:
die 9. Masche mit der 10. Masche,
die 19. Masche mit der 20. Masche,
die 29. Masche mit der 30. Masche,
die 39. Masche mit der 40. Masche,
die 49. Masche mit der 50. Masche,
die 59. Masche mit der 60. Masche,
die 69. Masche mit der 70. Masche
die 79. Masche mit der 80. Masche.

In der 44. Runde:
die 8. Masche mit der 9. Masche,
die 17. Masche mit der 18. Masche,
die 26. Masche mit der 27. Masche,
die 35. Masche mit der 36. Masche,
die 44. Masche mit der 45. Masche,
die 53. Masche mit der 54. Masche,
die 62. Masche mit der 63. Masche
und
die 71. Masche mit der 72. Masche.

In der 45. Runde:
die 7. Masche mit der 8. Masche,
die 15. Masche mit der 16. Masche,
die 23. Masche mit der 24. Masche,
die 31. Masche mit der 32. Masche,
die 39. Masche mit der 40. Masche,
die 47. Masche mit der 48. Masche,
die 55. Masche mit der 56. Masche und
die 63. Masche mit der 64. Masche.

In der 46. Runde:
die 6. Masche mit der 7. Masche,
die 13. Masche mit der 14. Masche,
die 20. Masche mit der 21. Masche,
die 27. Masche mit der 28. Masche,
die 34. Masche mit der 35. Masche,
die 41. Masche mit der 42. Masche,
die 48. Masche mit der 49. Masche und
die 55. Masche mit der 56. Masche.

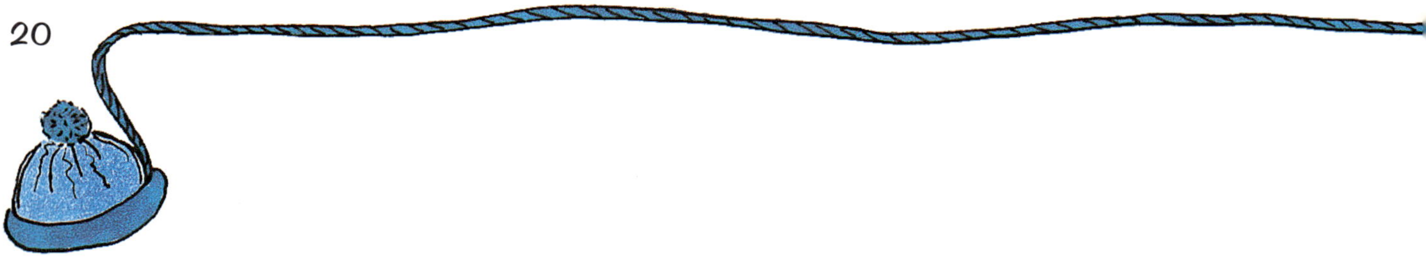

In der 47. Runde:
die 5. Masche mit der 6. Masche,
die 11. Masche mit der 12. Masche,
die 17. Masche mit der 18. Masche,
die 23. Masche mit der 24. Masche,
die 29. Masche mit der 30. Masche,
die 35. Masche mit der 36. Masche,
die 41. Masche mit der 42. Masche und
die 47. Masche mit der 48. Masche.

In der 48. Runde:
die 4. Masche mit der 5. Masche,
die 9. Masche mit der 10. Masche,
die 14. Masche mit der 15. Masche,
die 19. Masche mit der 20. Masche,
die 24. Masche mit der 25. Masche,
die 29. Masche mit der 30. Masche,
die 34. Masche mit der 35. Masche und
die 39. Masche mit der 40. Masche.

In der 49. Runde:
die 3. Masche mit der 4. Masche,
die 7. Masche mit der 8. Masche,
die 11. Masche mit der 12. Masche,
die 15. Masche mit der 16. Masche,
die 19. Masche mit der 20. Masche,
die 23. Masche mit der 24. Masche,
die 27. Masche mit der 28. Masche und
die 31. Masche mit der 32. Masche.

In der 50. Runde:
die 2. Masche mit der 3. Masche,
die 5. Masche mit der 6. Masche,
die 8. Masche mit der 9. Masche,
die 11. Masche mit der 12. Masche,
die 14. Masche mit der 15. Masche,
die 17. Masche mit der 18. Masche,
die 20. Masche mit der 21. Masche und
die 23. Masche mit der 24. Masche.

Jetzt sind auf jeder Nadel noch 4 Maschen.
Stricke immer 2 Maschen zusammen.
Schneide den Faden etwa so lange ab, wie deine Hand groß ist.
Ziehe diesen Faden mit der Sticknadel durch die 8 Maschen. Ziehe ihn nach innen, damit das kleine Loch sich schließt, und vernähe ihn. Vergiß auch nicht, den Faden vom Anfang der Mütze zu vernähen.

Ist deine Mütze nicht wunderschön geworden?
Und gar so schwer war es doch auch nicht – oder?

Handschuhe

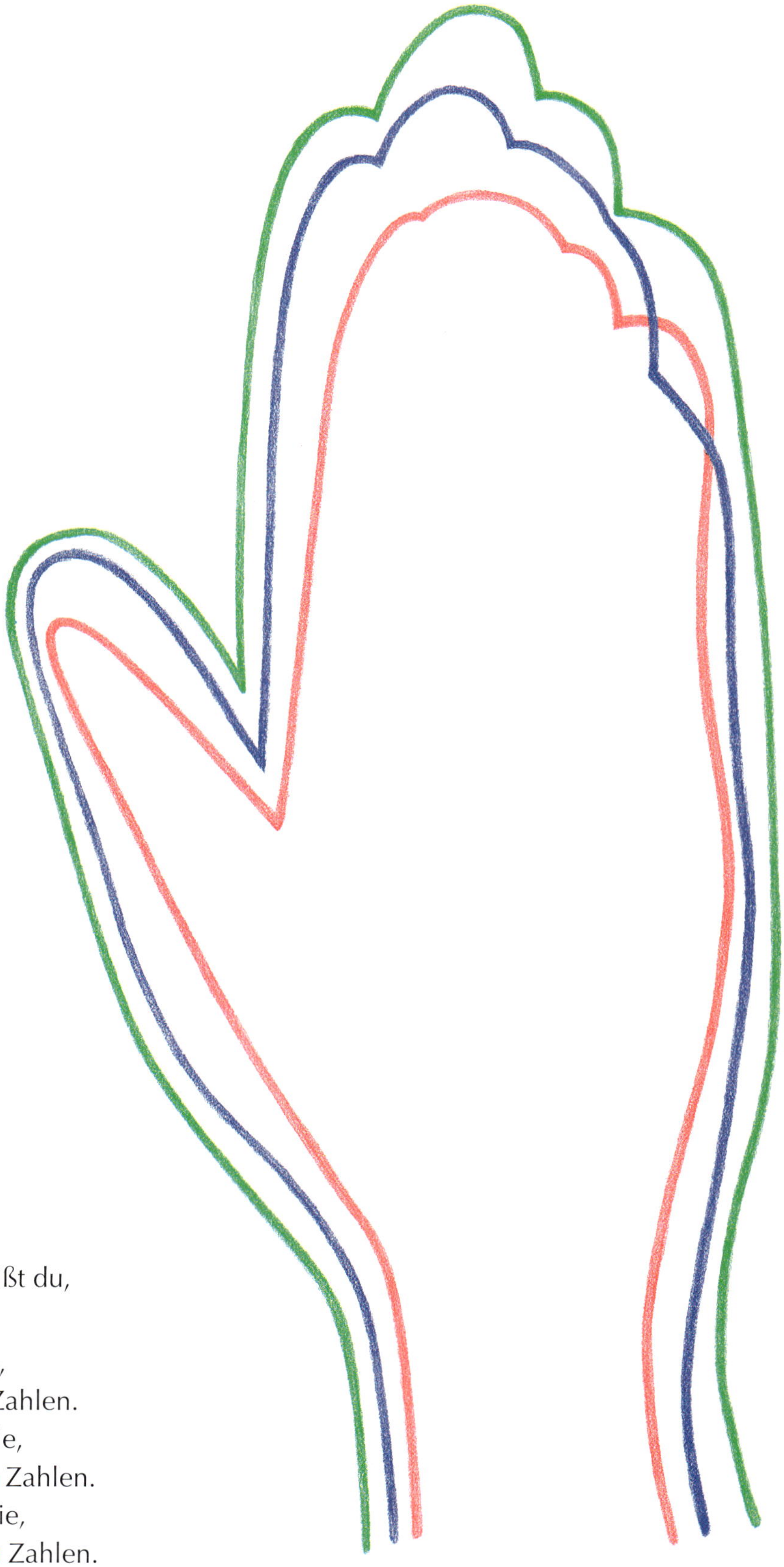

Lege deine Hand auf das Buch, dann weißt du,
wie groß dein Handschuh werden muss.

Ist deine Hand so groß wie die **rote** Linie,
dann richte dich immer nach den **roten** Zahlen.
Ist deine Hand so groß wie die **blaue** Linie,
dann richte dich immer nach den **blauen** Zahlen.
Ist deine Hand so groß wie die **grüne** Linie,
dann richte dich immer nach den **grünen** Zahlen.

Ganz einfache, dicke, schicke, warme Handschuhe

Das brauchst du:
1 Paar Stricknadeln, Stärke 5
100 Gramm Wolle
1 dicke Sticknadel

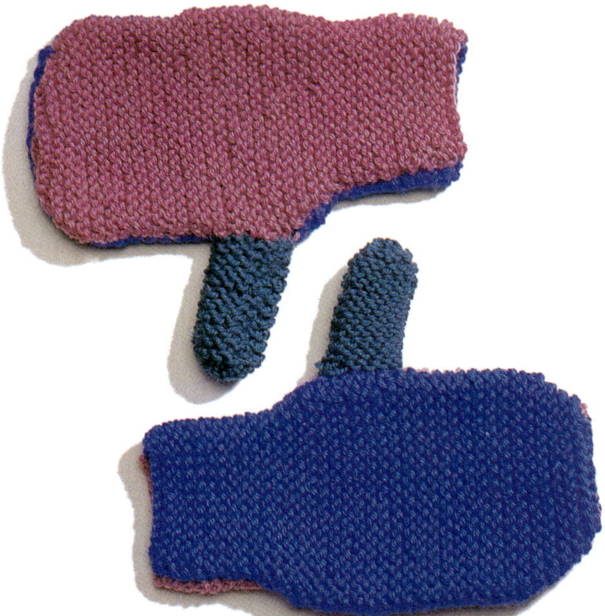

Ich habe für die Handschuhe auf dem Foto die Wolle Alpina von Schachenmayr Nomotta verwendet, und zwar in den Farben Freesie (Nr. 46), Lavendel (Nr. 45) und Petrol (Nr. 65), dann passen die Handschuhe zur Mütze von Seite 15 und zum Taschenschal von Seite 13. Die Handschuhe auf dem Umschlag des Buches sind genauso gestrickt, aber einfarbig in Rubin (Nr. 31).

Du strickst immer rechte Maschen.
Schlage **12** / **14** / **16** Maschen an.
Stricke **18** / **20** / **22** Reihen.
Das ist das Bündchen.

In der **19.** / **21.** / **23.** Reihe musst du am Anfang und am Ende der Nadel jeweils 1 Masche herausstricken.
In der **20.** / **22.** / **24.** Reihe stricke ganz einfach rechte Maschen.
In der **21.** / **23.** / **25.** Reihe stricke wieder am Anfang und am Ende der Nadel jeweils 1 Masche heraus.
In der **22.** / **24.** / **26.** Reihe stricke ganz einfach rechte Maschen.
In der **23.** / **25.** / **27.** Reihe stricke wieder am Anfang und am Ende der Nadel jeweils 1 Masche heraus.
Du hast jetzt **18** / **20** / **22** Maschen auf der Nadel.
Jetzt strickst Du ganz einfach immer hin und her, bis du zur **54.** / **60.** / **66.** Reihe kommst. Stricke am Anfang und am Ende der Nadel jeweils 2 Maschen zusammen.
In der **55.** / **61.** / **67.** Reihe stricke wieder ganz einfach rechts.
In der **56.** / **62.** / **68.** Reihe stricke am Anfang und am Ende der Nadel jeweils 2 Maschen zusammen.
In der **57.** / **63.** / **69.** Reihe stricke wieder ganz einfach rechts.
In der **58.** / **64.** / **70.** Reihe stricke am Anfang und am Ende der Nadel jeweils 2 Maschen zusammen.
In der **59.** / **65.** / **71.** Reihe stricke wieder ganz einfach rechts.

In der **60.** / **66.** / **72.** Reihe stricke am Anfang und am Ende der Nadel jeweils 2 Maschen zusammen.
In der **61.** / **67.** / **73.** Reihe strickst du noch ein letztes Mal lauter rechte Maschen.

Für den **kleinen** Handschuh hast du jetzt noch **10** Maschen,
für den **mittleren** Handschuh hast du jetzt noch **12** Maschen,
für den **großen** Handschuh hast du jetzt noch **14** Maschen auf der Nadel.

Kette alle Maschen ab. Schneide den Faden ab, so lang, wie deine Hand lang ist.

Nun hast du einen halben Handschuh ohne Daumen! Deshalb stricke noch einmal das gleiche Stück. Jetzt ist deine Hand schon fast warm eingepackt.
Aber der arme kleine Daumen!

Du strickst ihn so:
Schlage **10** / **12** / **14** Maschen an.
Stricke bis zur **18.** / **20.** / **22.** Reihe.
Stricke immer 2 Maschen zusammen (die 1. Masche mit der 2. Masche, die 3. Masche mit der 4. Masche und immer so weiter). Am Ende der Reihe hast du noch **5** / **6** / **7** Maschen auf der Nadel.
Kette diese **5** / **6** / **7** Maschen auf einmal ab.
Schneide den Faden ab, so lang, wie deine Hand lang ist.

Jetzt hast du 3 Teile, 2 gleich große und 1 kleines.
Vernähe die Fäden.

Nun musst du alles zusammennähen, damit ein richtiger Handschuh daraus wird. Lege die beiden großen Teile aufeinander und nähe sie ganz nah am Rand zusammen.

Lasse einen Schlitz zwischen
der **26.** und der **36.** Reihe
der **28.** und der **40.** Reihe
der **30.** und der **44.** Reihe offen.
Das ist für den Däumling.

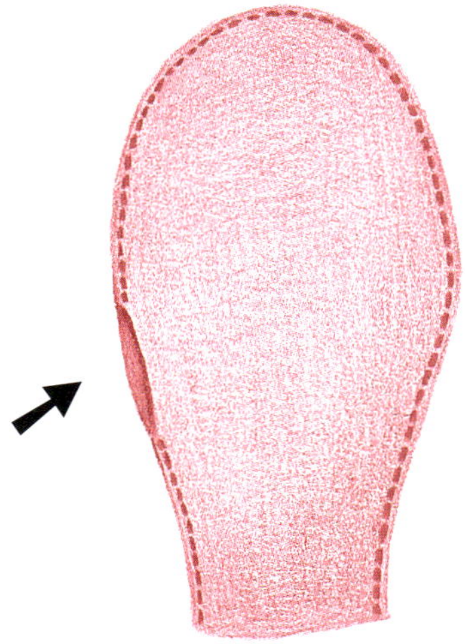

Nähe das Daumenläppchen an einer Seite zu.
Nähe es in den Schlitz an der Seite der beiden großen Teile ein.
Nun hast du einen wunderschönen Handschuh – aber nur einen! Stricke noch einmal genau den gleichen für deine andere Hand.
Fertig!!

Tip

Wenn du die Handschuhe noch schöner haben möchtest, sticke die Anfangsbuchstaben deines Namens darauf oder ein R auf den rechten und ein L auf den linken. Oder stricke die Handschuhe mit Wollresten ganz kunterbunt. Oder stricke mit einer dicken Baumwolle und du hast die tollsten Topflappen- oder Grillhandschuhe.
Wenn's eine Überraschung werden soll, messe heimlich die Handschuhe der betreffenden Person und stricke vor der 30. und nach der 44. Reihe ein paar Reihen mehr (also vor und nach dem Schlitz für den Daumen). Die Abnahme und die Zunahme machst du genauso wie bei deinen Handschuhen. Auch den Daumen strickst du genauso, nur ein paar Reihen mehr.

Handschuhe für Fortgeschrittene

Das brauchst du:

1 Spiel Stricknadeln, Stärke 5
100 Gramm Wolle (für den kleinsten Handschuh nur 50 Gramm Wolle)
1 Sicherheitsnadel
1 dicke stumpfe Sticknadel
1 Wollrest (wenn du einen andersfarbigen Daumen stricken willst)

Dieser Handschuh wird in Runden gestrickt. Für das Bündchen strickst du 1 Masche rechts, 1 Masche links, den Rest immer in rechten Maschen.

Nimm 4 Nadeln von dem Nadelspiel und schlage auf jeder Nadel **6** / **7** / **8** Maschen an.
Stricke für das Bündchen **16** / **18** / **20** Runden.

In der **17.** / **19.** / **21.** Runde passiert noch gar nichts, du strickst allerdings nicht mehr eine Masche rechts, eine Masche links, sondern nur noch rechte Maschen.

In der **18.** / **20.** / **22.** Runde wird's ein wenig aufregend und du brauchst vielleicht einen Helfer: Mama, Freundin, Oma, Tante oder auch Papa. Du musst jetzt für den Daumen zunehmen, das nennt man Zwickel und sieht so aus:

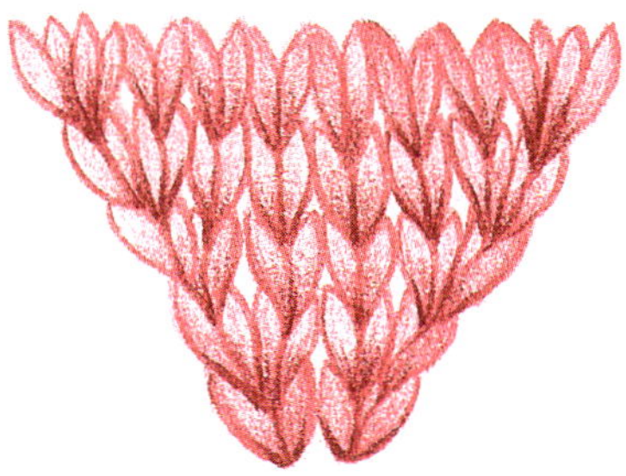

und muß so gestrickt werden:
Der Zwickel wird für den linken Handschuh auf der Nadel 4 gestrickt und für den rechten auf der Nadel 1. Wenn du nicht mehr weißt, welche das war, nenne sie jetzt einfach so und merke es dir.

Stricke **2** / **3** / **3** Maschen,
stricke aus der **3.** / **4.** / **4.** Masche 1 Masche heraus,
stricke aus der nächsten Masche wieder 1 Masche heraus und
stricke **2** / **2** / **3** Maschen,
stricke bis zum Ende der Runde
(das sind 3 Nadeln mit **6** / **7** / **8** Maschen).

19. / **21.** / **23.** Runde: Stricke einfach lauter rechte Maschen.

20. / **22.** / **24.** Runde:
Stricke **2** / **3** / **3** Maschen,
stricke aus der **3.** / **4.** / **4.** Masche 1 Masche heraus,
stricke 2 Maschen,
stricke aus der nächsten Masche wieder 1 Masche heraus und
stricke **2** / **2** / **3** Maschen,
stricke bis zum Ende der Runde.

21. / **23.** / **25.** Runde: Stricke einfach eine Masche nach der anderen rechts.

22. / **24.** / **26.** Runde:
Stricke **2** / **3** / **3** Maschen
stricke aus der **3.** / **4.** / **4.** Masche 1 Masche heraus,
stricke 4 Maschen,
stricke aus der nächsten Masche 1 Masche heraus,
stricke **2** / **2** / **3** Maschen,
stricke bis zum Ende der Runde.

23. / **25.** / **27.** Runde: Stricke einfach eine Masche nach der anderen rechts.

24. / **26.** / **28.** Runde:
Stricke **2** / **3** / **3** Maschen,
stricke aus der **3.** / **4.** / **4.** Masche 1 Masche heraus,
stricke 6 Maschen,
stricke aus der nächsten Masche 1 Masche heraus und
stricke **2** / **2** / **3** Maschen,
stricke bis zum Ende der Runde.

25. / **27.** / **29.** Runde: Stricke einfach eine Masche nach der anderen rechts.

26. / **28.** / **30.** Runde:
Stricke **2** / **3** / **3** Maschen,
stricke aus der **3.** / **4.** / **4.** Masche 1 Masche heraus,
stricke 8 Maschen,
stricke aus der nächsten Masche 1 Masche heraus,
stricke **2** / **2** / **3** Maschen,
stricke bis zum Ende der Runde.

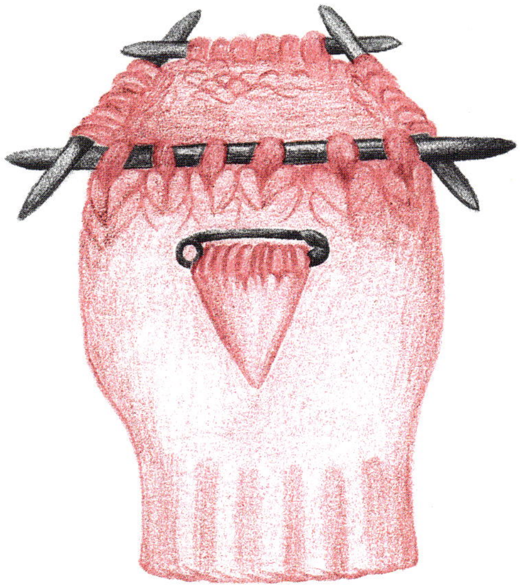

27. / 29. / 31. Runde: Stricke eine Masche nach der anderen rechts.

Hier ist der Zwickel für den kleinen Handschuh zu Ende. Du hast jetzt 16 Maschen auf der 1. Nadel.

30. / 32. Runde:
Stricke 3 / 3 Maschen,
stricke aus der 4. / 4. Masche 1 Masche heraus,
stricke 10 Maschen,
stricke aus der nächsten Masche 1 Masche heraus,
stricke 2 / 3 Maschen,
stricke bis zum Ende der Runde.

31. / 33. Runde: Stricke einfach lauter rechte Maschen.

Hier ist der Zwickel für den mittleren Handschuh zu Ende. Du hast jetzt 19 Maschen auf der 1. Nadel.

34. Runde:
Stricke 3 Maschen,
stricke aus der 4. Masche 1 Masche heraus,
stricke 12 Maschen,
stricke aus der nächsten Masche 1 Masche heraus,
stricke 3 Maschen,
stricke bis zum Ende der Runde.

35. Runde: Stricke einfach eine Masche nach der anderen rechts.

Hier ist der Zwickel für den großen Handschuh zu Ende. Du hast jetzt 22 Maschen auf der 1. Nadel.

28. / 32. / 36. Runde:
Stricke 3 / 4 / 4 Maschen.
Stricke 10 / 12 / 14 Maschen.
Diese 10 / 12 / 14 Maschen fasse auf eine Sicherheitsnadel, sie werden später der Däumling.
Stricke 3 / 3 / 4 Maschen.
Stricke bis zum Ende der Runde.

29. / 33. / 37. Runde: Stricke einfach rechts, glatt und gerade weiter. Achte darauf, dass die Maschen hinter der Sicherheitsnadel wieder gut zusammenschließen. Du hast jetzt wieder genauso viele Maschen wie vorher auf deinen vier Nadeln.

Du strickst nun immer ganz einfach rechte Maschen.

Wenn du in deinen Handschuh hineinschlüpfst und er bedeckt deinen kleinen Finger bis zur Spitze, dann strickst du das Abnehmen für die Handschuhspitze.

Das geht so:
1. Nadel: Stricke 1 Masche,
stricke 2 Maschen zusammen,
stricke 3 / 4 / 5 Maschen.
2. Nadel: Stricke 3 / 4 / 5 Maschen,
stricke 2 Maschen zusammen,
stricke 1 Masche.
3. Nadel: Stricke 1 Masche,
stricke 2 Maschen zusammen,
stricke 3 / 4 / 5 Maschen.
4. Nadel: Stricke 3 / 4 / 5 Maschen,
stricke 2 Maschen zusammen,
stricke 1 Masche.

Die nächste Runde ist eine „Ausruhrunde“. Du strickst einfach rechte Maschen ohne Abnahme, ohne alles!
In der nächsten Runde musst du wieder abnehmen.

1. Nadel: Stricke 1 Masche,
stricke 2 Maschen zusammen,
stricke **2** / **3** / **4** Maschen.
2. Nadel: Stricke **2** / **3** / **4** Maschen,
stricke 2 Maschen zusammen,
stricke 1 Masche.
3. Nadel: Stricke 1 Masche,
stricke 2 Maschen zusammen,
stricke **2** / **3** / **4** Maschen.
4. Nadel: Stricke **2** / **3** / **4** Maschen,
stricke 2 Maschen zusammen,
stricke 1 Masche.

Die nächste Runde wieder einfach alle Maschen rechts stricken.

Dann kommt wieder eine Abnahmerunde.

1. Nadel: Stricke 1 Masche,
stricke 2 Maschen zusammen,
stricke **1** / **2** / **3** Maschen.
2. Nadel: Stricke **1** / **2** / **3** Maschen,
stricke 2 Maschen zusammen,
stricke 1 Masche.
3. Nadel: Stricke 1 Masche,
stricke 2 Maschen zusammen,
stricke **1** / **2** / **3** Maschen.
4. Nadel: Stricke **1** / **2** / **3** Maschen,
stricke 2 Maschen zusammen,
stricke 1 Masche.

Stricke eine Runde rechte Maschen.

Für den **kleinen** Handschuh geht es bei dem * weiter.

Wieder eine Abnahmerunde:

1. Nadel: Stricke 1 Masche,
stricke 2 Maschen zusammen,
stricke **1** / **2** Maschen.
2. Nadel: Stricke **1** / **2** Maschen,
stricke 2 Maschen zusammen,
stricke 1 Masche.
3. Nadel: Stricke 1 Masche,
stricke 2 Maschen zusammen,
stricke **1** / **2** Maschen.
4. Nadel: Stricke **1** / **2** Maschen,
stricke 2 Maschen zusammen,
stricke 1 Masche.

Stricke eine Runde rechte Maschen.

Für den **mittleren** Handschuh strickst du dann bei dem * weiter.

Jetzt kommt wieder eine Abnahmerunde, aber nur für den großen Handschuh.

1. Nadel: Stricke 1 Masche,
stricke 2 Maschen zusammen,
stricke **1** Masche.

2. Nadel: Stricke **1** Masche,
stricke 2 Maschen zusammen,
stricke 1 Masche.
3. Nadel: Stricke 1 Masche,
stricke 2 Maschen zusammen,
stricke **1** Masche.
4. Nadel: Stricke **1** Masche,
stricke 2 Maschen zusammen,
stricke 1 Masche.

Stricke eine Runde rechte Maschen.

*** Du hast noch **3** / **3** / **3** Maschen auf jeder Nadel. Schneide einen Faden so lang wie der Handschuh ab, fädle mit der Sticknadel die 12 Maschen auf den Faden, ziehe ihn nach innen und vernähe ihn.

Jetzt strickst du den **Däumling**, und das geht so:

Fasse die **10** / **12** / **14** Maschen von der Sicherheitsnadel auf die 4 Stricknadeln. Verteile die Maschen gleichmäßig auf die Nadeln. Nun geht es in Runden weiter.
Wenn du den Daumen in einer anderen Farbe stricken willst, nimm den Wollrest zum Stricken.
Stricke mit diesen **10** / **12** / **14** Maschen **8** / **10** / **10** Runden gerade hoch, oder eben so hoch, wie dein Daumen lang ist.

Stricke für den **kleinen** Handschuh immer 2 Maschen zusammen.
Du hast noch **5** Maschen auf den Nadeln.

Schneide den Faden ab, ziehe ihn mit der Sticknadel durch die Maschen und in das Daumeninnere. Zusammenziehen, den Faden vernähen und fertig ist der Daumen.

Stricke für den **mittleren** Handschuh immer 2 Maschen zusammen.
Es bleiben 6 Maschen auf den Nadeln.
Stricke in der nächsten Runde die 1. mit der 2. Masche und die 4. mit der 5. Masche zusammen.
Du hast noch **4** Maschen auf den Nadeln.

Schneide den Faden ab, ziehe ihn mit der Sticknadel durch die Maschen und in das Daumeninnere. Zusammenziehen, den Faden vernähen und fertig ist der Daumen.

Stricke für den **großen** Handschuh immer 2 Maschen zusammen.
Es bleiben 7 Maschen auf den Nadeln.
Stricke in der nächsten Runde die 1. mit der 2. Masche, die 3. mit der 4. Masche und die 5. mit der 6. Masche zusammen, stricke die 7. Masche.
Du hast noch **4** Maschen auf den Nadeln.

Schneide den Faden ab, ziehe ihn mit der Sticknadel durch die Maschen in das Daumeninnere. Zusammenziehen, den Faden vernähen und fertig ist der Daumen.

Jetzt ist dein Handschuh fast fertig.
Du musst noch das kleine Loch zwischen Hand und Daumen mit zwei Stichen schließen.

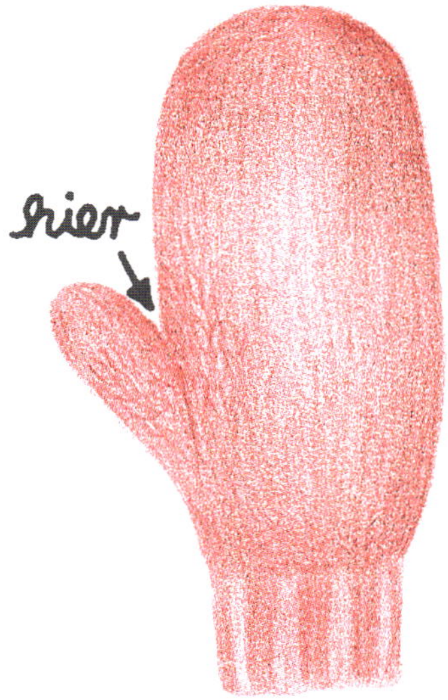

Stricke den zweiten Handschuh ganz genauso. Denke daran, dass du den Daumenzwickel auf der Nadel 4 strickst.
Aber aufgepasst: Wenn du auf der 4. Nadel strickst und es heißt „bis zum Ende der Runde stricken", dann sind das nur noch ein paar Maschen, weil du ja schon die ersten drei Nadeln der Runde gestrickt hast und die Zunahme ganz am Ende der Runde ist.

Diese Handschuhe sehen auch toll aus mit dem Bündchen, dem Daumen und der Spitze in einer anderen Farbe als die Handfläche. Also z.B. in Blau und Rot, oder Gelb und Blau, oder Grün und Orange oder Lila und Pink.
Ein ganz wildes Modell ist auch: das Bündchen in Gelb, der Daumen in Grün, die Handfläche in Orange und die Spitze in Schwarz.
Ganz Geduldige können nach diesem „Rezept" auch dünnere Handschuhe mit Nadeln in Stärke 4 und z.B. mit Wolle Extra Tweed von Schachenmayr Nomotta, passend zur schwierigsten Mütze auf Seite 18, stricken. Du musst dann für die große Größe auf jeder Nadel 11 Maschen anschlagen.

Pullover und Westen

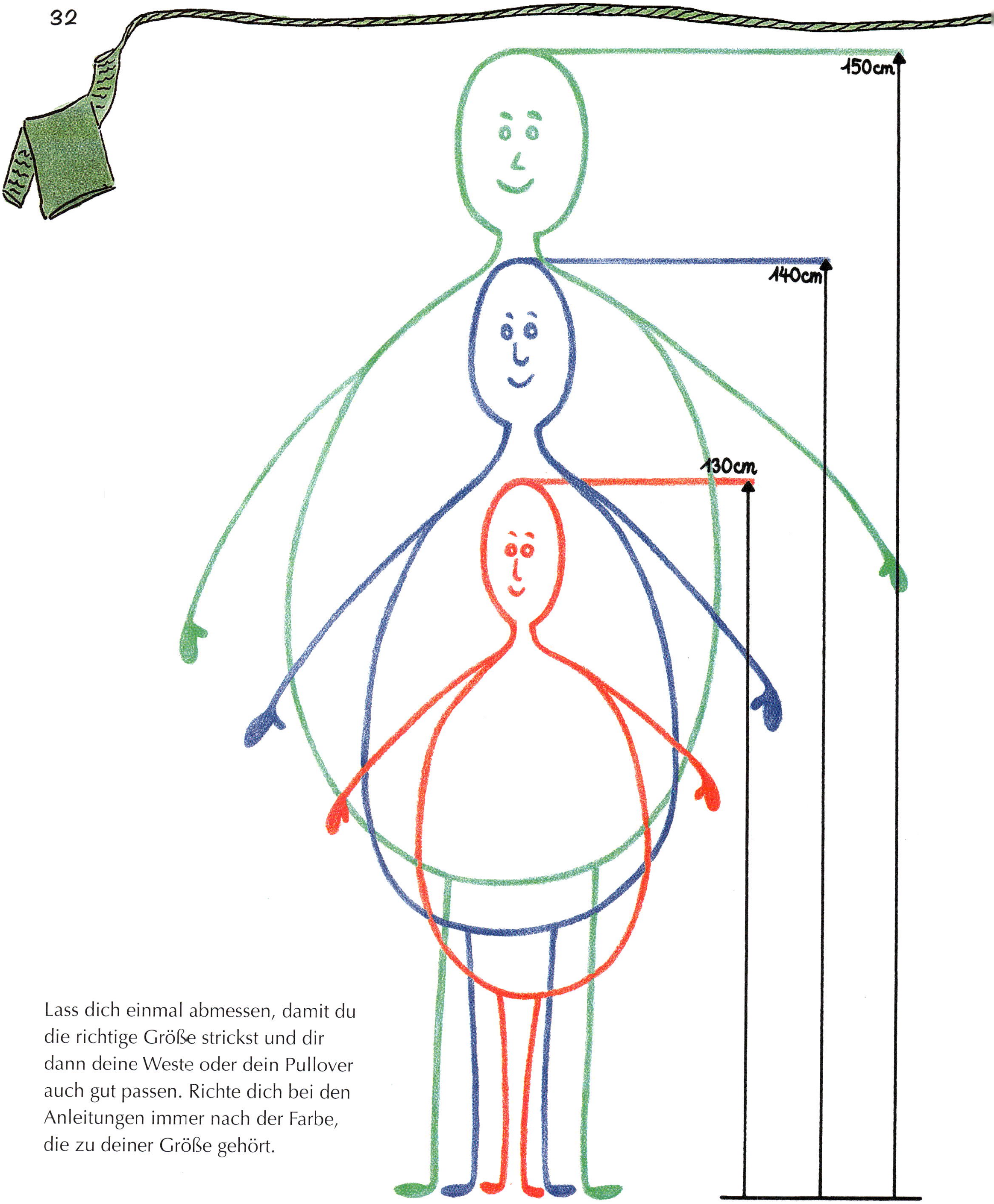

Lass dich einmal abmessen, damit du die richtige Größe strickst und dir dann deine Weste oder dein Pullover auch gut passen. Richte dich bei den Anleitungen immer nach der Farbe, die zu deiner Größe gehört.

Die einfachste aller Westen

Das brauchst du:
1 Paar Stricknadeln, Stärke 5
200 Gramm Wolle
1 stumpfe Sticknadel
einige Knöpfe

Du strickst immer rechte Maschen.

Für die Weste strickst du 3 Teile:
1 Rückenteil und 2 Vorderteile.
Ich habe dir aufgezeichnet, wie groß die Teile sein sollen.

Schlage die Maschen für das Rückenteil an:

Für die **rote** Größe schlage
58 Maschen an.
Für die **blaue** Größe schlage
62 Maschen an.
Für die **grüne** Größe schlage
66 Maschen an.

Stricke das Rückenteil,
bis es **34** cm / **37** cm / **40** cm lang ist.
Kette alle Maschen ab.

Tip
Muster für Fortgeschrittene:
1. Reihe: 1 Masche rechts,
1 Masche links
2. Reihe: 1 Masche links,
1 Masche rechts
und immer so weiter.
Das heißt, auf der Vorderseite steht über einer rechten Masche immer eine linke und umgekehrt. Dieses Muster nennt man Perlmuster.

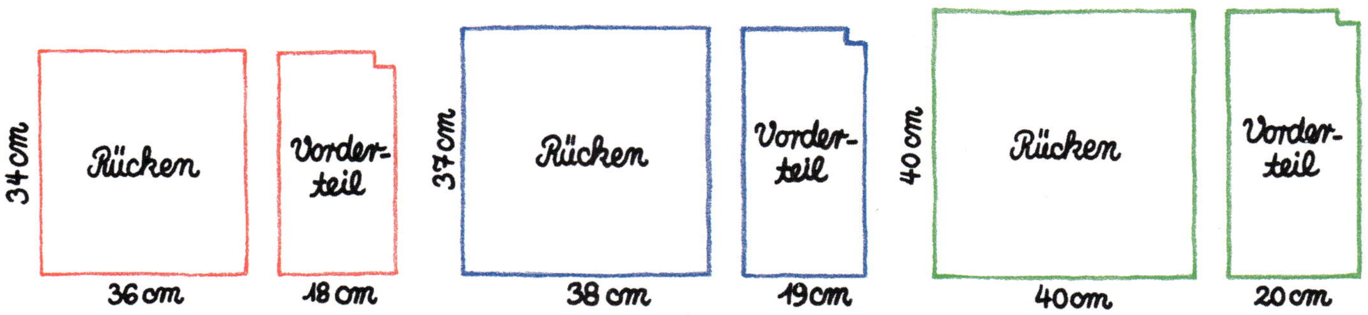

Schlage die Maschen für das Vorderteil an:
Für die **rote** Größe schlage **30** Maschen an.
Für die **blaue** Größe schlage **32** Maschen an.
Für die **grüne** Größe schlage **34** Maschen an.
Jetzt strickst du wieder nur rechte Maschen, bis dein Vorderteil **32** cm / **35** cm / **38** cm lang ist.

Kette an einer Seite 12 Maschen für den Halsausschnitt ab.
Es bleiben noch **18** / **20** / **22** Maschen auf der Nadel.

Mit diesen **18** / **20** / **22** Maschen strickst du noch 6 Reihen weiter, bis das Vorderteil genauso lang ist wie das Rückenteil.

Alle **18** / **20** / **22** Maschen auf einmal abketten.

Stricke das gleiche Teil noch einmal.

Alle Fäden vernähen.

Nähe die Seitennähte im Matratzenstich zusammen. Lasse sie am oberen Ende **14** / **15** / **16** cm offen, damit du später deine Arme durchstecken kannst.
Schließe die Schulternähte im Matratzenstich. Achte darauf, dass der Halsausschnitt auf der richtigen Seite ist.

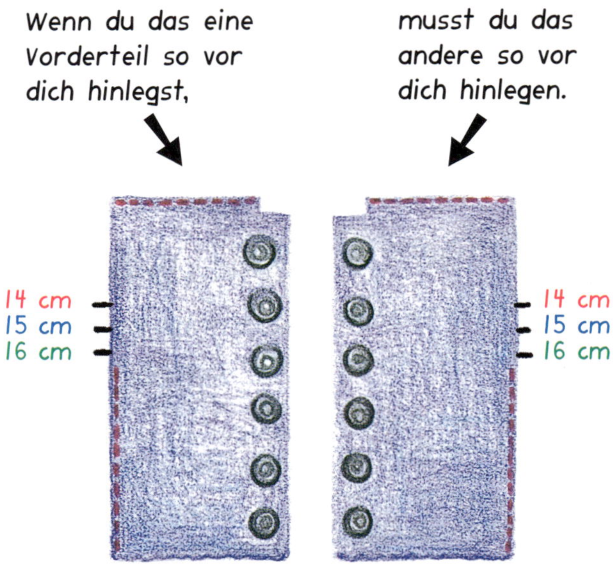

Nähe an den beiden Vorderteilen die Knöpfe an.

Diese Weste ist auch sehr hübsch aus Wollresten, du kannst ruhig ganz verschiedene Materialien nehmen, z.B. glatte Wolle mit Mohair und glänzender Baumwolle. Oder ein ombriertes Garn. Oder ganz aus Baumwollgarn, oder ganz aus Mohair, oder einige dünne bunte Fäden zusammen oder, oder, oder, oder . . .

Statt der Knöpfe kannst du auch kleine Schleifen annähen oder rechts und links nur einen ganz besonders schönen Knopf. Und wenn du die Ärmel des Pullovers von Seite 36 nachstrickst, wird aus deiner Weste sogar eine Jacke.

Eine Trachtenweste

Stricke die gleiche Weste.
Klappe die vorderen Ecken am Halsausschnitt schräg zurück und nähe sie mit einem Trachtenknopf oder einem Hirschhornknopf fest.
Dann nähe an jedem Vorderteil noch einmal die gleichen Knöpfe an.
Schon hast du eine wunderschöne Trachtenweste.
Falls du die Weste schließen möchtest, knote dir ein Bändchen.

So machst du ein einfaches Wollbändchen:
Schneide dir einen ungefähr 60 cm langen Wollfaden ab. Knote den Faden in der Mitte um einen Kochlöffelstiel. Dieser muss so dick sein, dass du die Schlaufe als Knopfloch benutzen kannst. Halte den Kochlöffel mit dem Stiel nach oben zwischen deinen Knien fest. Jetzt machst du einfach Knoten nach Knoten, bis dein Bändchen so lange ist, wie du es haben möchtest.
Du hast nun eine Schlinge, eine Reihe mit Knoten und zwei Fäden. Nimm den einen der beiden Fäden, steche ihn neben dem Knopf auf die Innenseite der Weste.
Dann machst du das gleiche mit dem 2. Faden.
Verknote die beiden Fäden auf der Innenseite deiner Weste. Fertig!

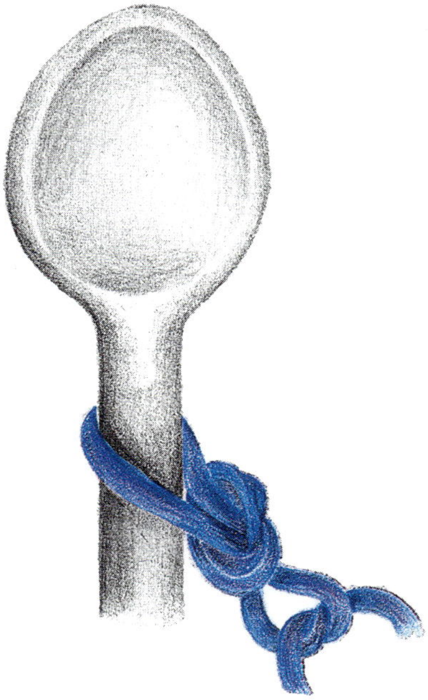

Der einfachste aller Pullover

Ich habe für den Pullover auf dem Foto die Wolle Alpina von Schachenmayr Nomotta verwendet, und zwar in den Farben Königsblau (Nr. 51), Weiß (Nr. 01) und Rubin (Nr. 31).

Du kannst ihn natürlich auch in vielen anderen Farben stricken, z.B. in Grün mit Gelb und Orange, oder in Naturweiß mit Beige und Braun, oder in Lila mit Pink und Rosa, oder in Weiß mit Schwarz und Rot oder, oder, oder . . .
Wenn du schon ein Muster stricken kannst, stricke den Pullover doch mit einem Muster und in einer Farbe. Du kannst ihn auch genauso, wie ich ihn beschrieben habe, stricken, nur kürzer, die Ärmel nur halb so lange und in Baumwolle. Du siehst, deiner Fantasie sind keine Grenzen gesetzt.

Ich werde in meiner Beschreibung immer von der Farbe 1 (bei meinem Pulli: blau), Farbe 2 (bei meinem Pulli: weiß) und Farbe 3 (bei meinem Pulli: rot) schreiben, damit du den Farben, die du dir ausgesucht hast, die Nummern 1, 2 und 3 geben kannst.

So, und jetzt geht's los:

Das brauchst du:
1 Paar Stricknadeln, Stärke 5
400 Gramm Wolle in Farbe 1
50 Gramm Wolle in Farbe 2
100 Gramm Wolle in Farbe 3
1 stumpfe Sticknadel

Du strickst 4 Teile und immer rechte Maschen. Wieder gibt es für jede Größe eine Farbe und auf der Zeichnung unten siehst du, wie groß deine Teile werden müssen.

Beginne mit der Farbe 1 (bei meinem Modell ist das Blau).

Für das Vorderteil:
Schlage für die **rote** Größe **62** Maschen an.
Schlage für die **blaue** Größe **66** Maschen an.
Schlage für die **grüne** Größe **70** Maschen an.

Stricke ganz einfach rechte Maschen, bis dein Vorderteil **30** / **33** / **36** cm lang ist.

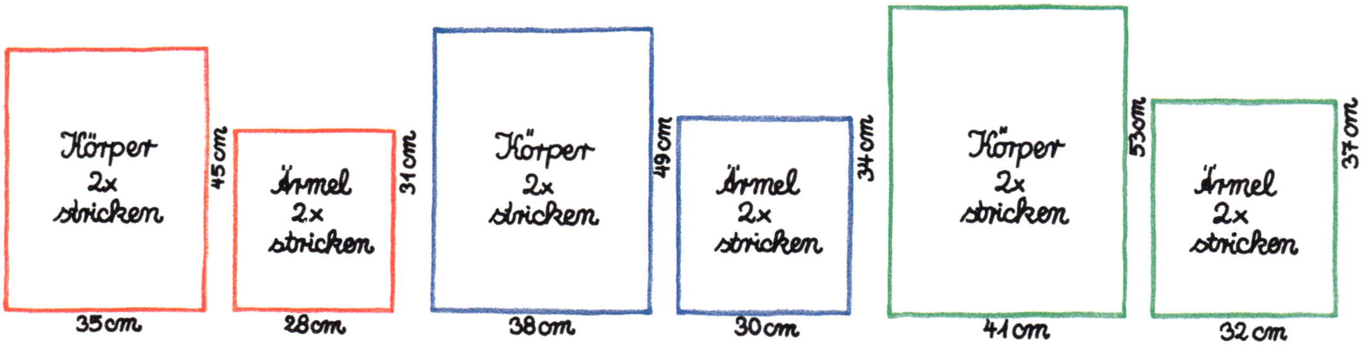

Schneide deinen Faden so lang wie diese Buchseite ab.

Stricke 4 Reihen mit der Wolle Farbe 2 (bei meinem Modell ist das Weiß).
Faden wieder abschneiden.
Stricke mit der Wolle Farbe 3 (bei meinem Modell ist das Rot) **14** / **15** / **16** cm.
Kettet alle Maschen ab. Faden abschneiden.
Fertig ist dein Vorderteil.
Das **Rückenteil** strickst du genauso wie das Vorderteil.

Jetzt kommt der **Ärmel** dran: Beginne mit Farbe 1.
Schlage für die **rote** Größe **46** Maschen an.
Schlage für die **blaue** Größe **50** Maschen an.
Schlage für die **grüne** Größe **54** Maschen an.

Stricke **29** / **32** / **35** cm.
Schneide den Faden so lange wie diese Buchseite ab.
Stricke 4 Reihen mit der Wolle Farbe 2.
Faden abschneiden.
Stricke 2 Reihen mit der Wolle Farbe 3.
Alle Maschen abketten. Faden abschneiden.
Der 1. Ärmel ist fertig.
Stricke den 2. Ärmel genauso.

Wenn du alle 4 Teile gestrickt hast, vernähe die Fäden.
Jetzt wird dein Pullover im Matratzenstich zusammengenäht. Wie das geht, steht auf Seite 9.
Verwende immer einen Faden in der Farbe des Teils, das du gerade zusammennähst.
Auf der Zeichnung siehst du, wo du die Nähte nähen musst.

Nähe die Seitennähte zu, zuerst die Farbe 1 und dann den Streifen der Farbe 2.
Danach schließe die Schulternähte.
Lasse in der Mitte einen Schlitz, der so groß sein soll, dass du mit dem Kopf bequem hindurch passt.

Nähe den Ärmel an der Seite zu.
Nähe ihn in das Armloch ein.
Nähe ihn so tief ein, dass man nur den Streifen der Farbe 2 noch sieht.

Schau dir das Foto von meinem Pulli genau an, wenn du nicht weiter weißt.

Dein Pullover ist fertig!
Ich hoffe, du trägst ihn so gerne, wie du ihn gestrickt hast.

Wie ich dir schon am Anfang geschrieben habe – du kannst nach dieser Anleitung hundert Pullover stricken.
In verschiedenen Farben: geringelt, breite Streifen, in vier Farben aufgeteilt, zum Beispiel: Rücken rot, Bauch blau, 1 Ärmel grün, 1 Ärmel gelb.
In verschiedenen Garnen: Baumwolle, Mohairwolle, Trachtenwolle, Tweedwolle oder Sportwolle.
In verschiedenen Längen: nabelkurz, hüftlang, kniekehlenlang zu Leggins.

Streifenpullover für Meisterinnen, Meister und solche, die es werden wollen

Ich habe den Pullover, den du auf dem Foto siehst, glatt rechts gestrickt und nur die Bündchen in kraus rechts.

Wenn dir das Glatt-rechts-Stricken zu mühsam ist, kannst du den Pullover auch kraus rechts stricken, also genauso wie den blau-rot-weißen, immer mit rechten Maschen.

Du musst dann nur darauf achten, dass du immer auf der Oberseite mit rechten Maschen die erste Reihe der anderen Farbe strickst.

Der Pullover ist am Körper mit 5 gleich breiten Streifen und an den Ärmeln in 2 Farben gestrickt. Ich werde in meiner Beschreibung immer von der Farbe 1 (bei meinem Pulli: Schwarz), Farbe 2 (bei meinem Pulli: Rot), Farbe 3 (bei meinem Pulli:

Grün), Farbe 4 (bei meinem Pulli: Gelb) und Farbe 5 (bei meinem Pulli: Blau) schreiben, damit du den Farben, die du dir ausgesucht hast, die Nummern 1, 2, 3, 4 und 5 geben kannst.

Das brauchst du:

1 Paar Stricknadeln, Stärke 4
1 Paar Stricknadeln, Stärke 5
150 Gramm Wolle in Farbe 1
50 Gramm Wolle in Farbe 2
50 Gramm Wolle in Farbe 3
100 Gramm Wolle in Farbe 4
100 Gramm Wolle in Farbe 5
1 stumpfe Sticknadel

Ich habe für den Pullover auf dem Foto die Wolle Alpina von Schachenmayr Nomotta verwendet, und zwar in den Farben Schwarz (Nr. 99), Rubin (Nr. 31), Grün (Nr. 70), Gelb (Nr. 20) und Blau (Nr. 52).

Beginne mit der Farbe 1 (bei meinem Modell ist das Schwarz) und den Nadeln in Stärke 4.

Für das Rückenteil

Schlage für die **rote** Größe **72** Maschen an.
Schlage für die **blaue** Größe **76** Maschen an.
Schlage für die **grüne** Größe **80** Maschen an.

Stricke 8 Reihen immer rechte Maschen.

Stricke ab der nächsten Reihe mit der Stricknadel Stärke 5 glatt rechts weiter, also auf der Oberseite rechte Maschen und auf der Rückseite linke Maschen.

Stricke **18** / **20** / **22** Reihen.

Jetzt ist es genug mit der Farbe 1.
Schneide den Faden ab, so lange, dass du, wenn du mit dem Stricken fertig bist, mit diesem Faden zusammennähen kannst.
Mache das nach jedem Streifen so!

Stricke weiter mit der Farbe 2 (bei meinem Modell ist das Rot) **18** / **20** / **22** Reihen. Geschafft!

Weiter geht es mit der Farbe 3 (bei meinem Modell ist das Grün).
Stricke **18** / **20** / **22** Reihen.

Bevor es anfängt, langweilig zu werden, stricke **18** / **20** / **22** Reihen mit der Farbe 4 (bei meinem Modell ist das Gelb).

Und jetzt hast du es schon fast geschafft.
Stricke **13** / **15** / **17** Reihen mit der Farbe 5 (bei meinem Modell ist das Blau).

14. / **16.** / **18.** Reihe (du bist auf der Rückseite):
Stricke alle Maschen rechts.
15. / **17.** / **19.** Reihe:
Stricke alle Maschen rechts.

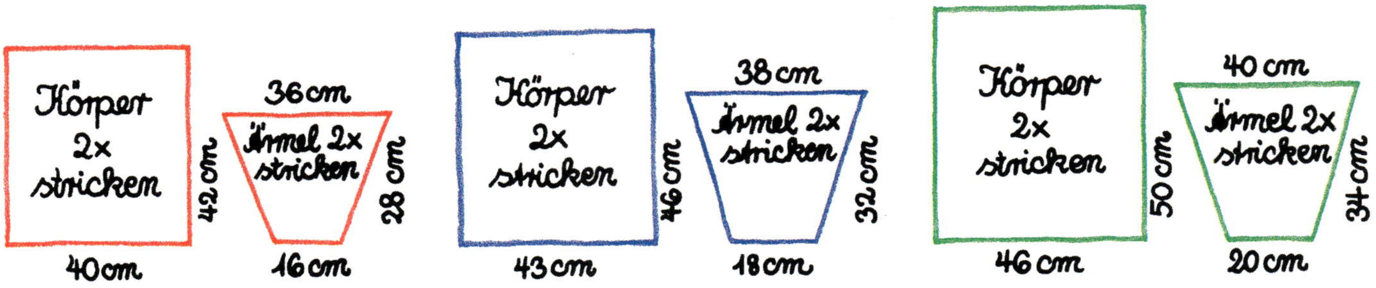

16. / **18.** / **20.** Reihe:
Stricke alle Maschen rechts.
17. / **19.** / **21.** Reihe:
Stricke alle Maschen rechts.
18. / **20.** / **22.** Reihe:
Stricke alle Maschen rechts.
19. / **21.** / **23.** Reihe:
Kette alle Maschen ab.

Fertig ist dein Rückenteil!

Stricke das ganze noch einmal und du hast auch ein **Vorderteil**.

Nun kommen die **Ärmel** an die Reihe.

Der 1. Ärmel ist bei meinem Pulli gelb – schwarz.

Schlage mit der Farbe 4 auf der Stricknadel Stärke 4
für die **rote** Größe **28** Maschen an,
die **blaue** Größe **32** Maschen an,
die **grüne** Größe **36** Maschen an.

Stricke 8 Reihen kraus rechts.

Danach strickst du weiter glatt rechts und mit der Stricknadel Stärke 5, wie du es schon beim Rücken- und Vorderteil gemacht hast. Damit dein Ärmel schön lässig weit wird, musst du allerdings zunehmen.

Jetzt kommt's: DIE ZUNAHME

Stricke 2 Reihen glatt rechts.

In der 3. Reihe nimmst du so zu:
Stricke die Randmasche.
Stricke aus der nächsten Masche eine Masche heraus.
Stricke alle anderen Maschen der Nadel, bis zu der letzten Masche vor der Randmasche.
Stricke aus dieser Masche auch eine Masche heraus.
Wende die Arbeit.
Stricke eine Reihe linke Maschen – ohne Zunahme, ohne alles.

Es war doch ganz einfach – oder ?

Wiederhole diese Zunahme noch siebenmal.
Du hast dann **44** / **48** / **52** Maschen auf der Nadel.

Damit dein Ärmel nicht gar so groß und lässig wird, nimmst du ab jetzt ein bisschen langsamer zu:
1. Reihe: zunehmen, so wie vorher,
2. Reihe: einfach linke Maschen stricken,
3. Reihe: einfach rechte Maschen stricken,
4. Reihe: einfach linke Maschen stricken,
5. Reihe: wieder zunehmen.

Das machst du so oft, bis du auf der Nadel **70** / **74** / **78** Maschen hast.

Dann strickst du ohne Zunahme weiter.
Das sind noch **12** / **20** / **28** Reihen.

Jetzt weißt du, wie es mit der Zunahme geht. Vergiß aber während dem Zunehmen nicht, dass du nach **32** / **36** / **40** Reihen glatt rechts die Farbe wechselst!

Faden abschneiden, so lang, dass du damit zusammennähen kannst, wenn du mit dem Stricken fertig bist.

Stricke weiter mit der Farbe 1.

Stricke **32** / **36** / **40** Reihen.

Faden abschneiden, so lang, dass du damit zusammennähen kannst, wenn du mit dem Stricken fertig bist.

Fertig ist der 1. Ärmel.

Der **2. Ärmel** ist bei meinem Model blau – schwarz.
Du strickst ihn ganz genauso wie den 1. Ärmel, nur eben in den anderen Farben:
Da, wo du beim 1. Ärmel mit der Farbe 4 gestrickt hast, strickst du beim 2. Ärmel mit der Farbe 5.

Wenn du alle vier Teile gestrickt hast, beginnst du mit dem Zusammennähen.

Lege die beiden Körperteile so aufeinander, dass die beiden Oberseiten aufeinander liegen.
Nehme die Fäden, die du beim Farbwechsel abgeschnitten hast und nähe damit die beiden Körperteile zusammen. Du nähst dann immer mit der gleichen Farbe den gleichfarbigen Streifen zu. Paß auf, dass die Streifen schön aufeinander passen. Nähe drei Streifen zu und lasse die beiden letzten Streifen offen, dort werden später die Ärmel eingenäht.

Nähe die Schulternaht im Matratzenstich zu.

Lasse in der Mitte ein so großes Loch offen, dass du bequem mit dem Kopf hindurch kommst.
Nähe die beiden Ärmel genauso wie die Körperteile zu.

Dann nähst du die Ärmel in die offen gelassenen Löcher ein.

Fertig ist dein Modell-Pullover und du bist sicher sehr stolz auf dein Werk. Kannst du auch sein!

Auch dieser Pullover ist in diesen Farben nur ein Vorschlag von mir. Er sieht auch sehr hübsch aus in Blau-weiß-geringelt oder mit breiten Streifen in Türkis, Schwarz, Pink, Lila und Dunkelgrün oder in Dunkelblau, Blau, Mittelblau, helleres Blau und hellstes Blau oder in Orange, Grün, Gelb, Weiß und Blitzblau oder in Rot und Weiß oder ganz, ganz einfach – einfarbig.

Socken

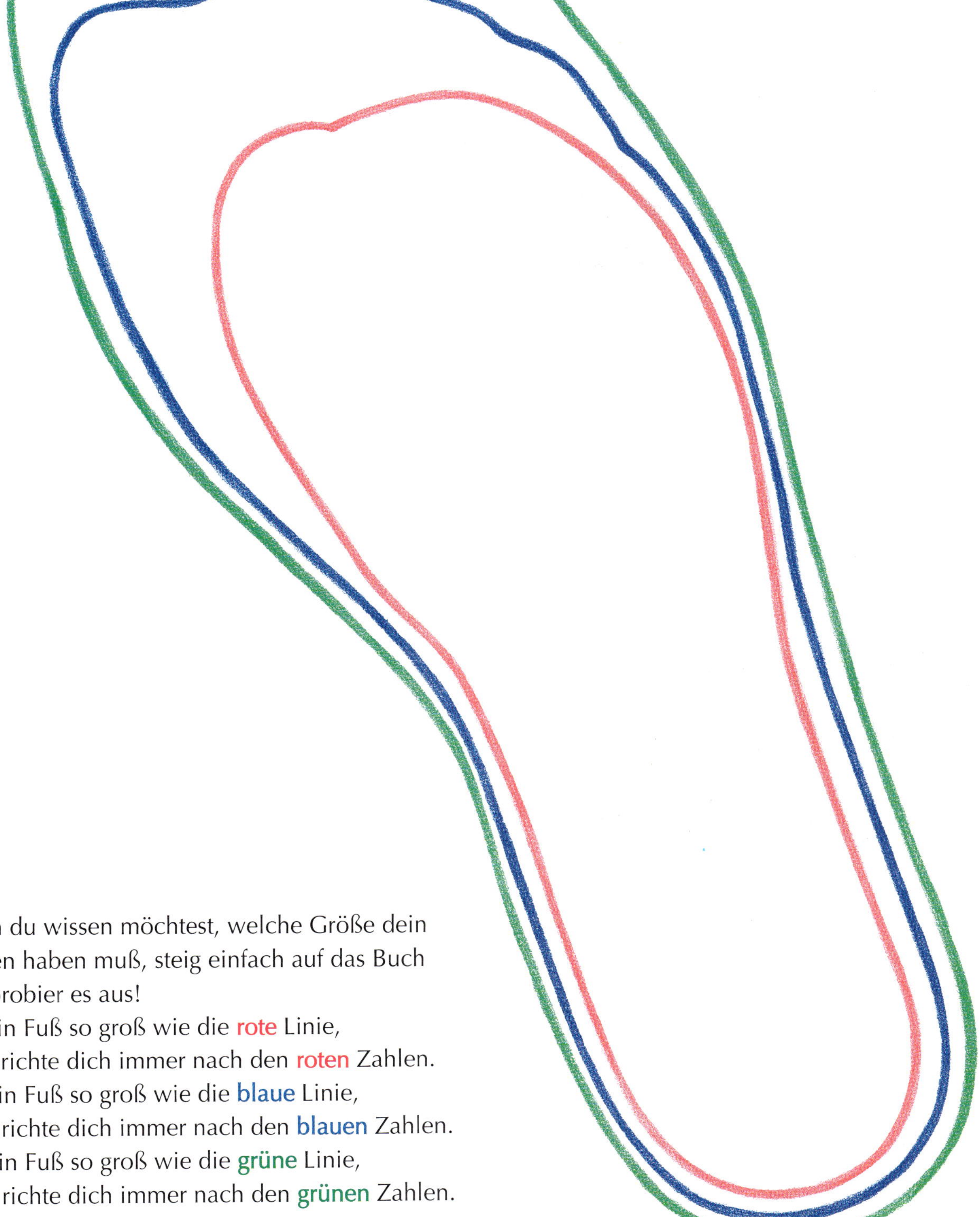

Wenn du wissen möchtest, welche Größe dein Socken haben muß, steig einfach auf das Buch und probier es aus!
Ist dein Fuß so groß wie die rote Linie, dann richte dich immer nach den roten Zahlen.
Ist dein Fuß so groß wie die blaue Linie, dann richte dich immer nach den blauen Zahlen.
Ist dein Fuß so groß wie die grüne Linie, dann richte dich immer nach den grünen Zahlen.

Socken, Söckchen, Stiefelchen, Schläppchen, »Im-Haus-herumlauf-Socken« oder: die einfachste Form, warme Füße zu haben

Das brauchst du:
1 Paar Stricknadeln, Stärke 5
100 Gramm Wolle
1 dicke Sticknadel

Diese Socken werden nicht wie richtige Socken mit 5 Nadeln, sondern nur mit 2 Nadeln gestrickt.

Du strickst einen Lappen, der aussieht wie ein großes Druckschrift-T.

Stricke immer rechte Maschen.

Schlage **44** / **54** / **64** Maschen an.
Stricke **26** / **30** / **34** Reihen.
27. / **31.** / **35.** Reihe:
Am Anfang der Nadel **10** / **11** / **14** Maschen abketten, stricke die Reihe zu Ende.

28. / **32.** / **36.** Reihe:
Am Anfang der Nadel **10** / **11** / **14** Maschen abketten, stricke die Reihe zu Ende.
Jetzt hast du nur noch **24** / **32** / **36** Maschen auf der Nadel und es geht jetzt viel, viel schneller.
Stricke rechts, rechts, rechts, bis zur
50. / **60.** / **70.** Reihe:
Stricke immer zwei Maschen zusammen, und zwar:
die 1. + 2. Masche, die 3. + 4. Masche,
die 5. + 6. Masche, die 7. + 8. Masche,
die 9. + 10. Masche, die 11. + 12. Masche,
die 13. + 14. Masche, die 15. + 16. Masche,
die 17. + 18. Masche, die 19. + 20. Masche,
die 21. + 22. Masche, die 23. + 24. Masche:

Hier ist die Abnahme für den kleinen Socken zu Ende.

die 25. + 26. Masche, die 27. + 28. Masche,
die 28. + 30. Masche, die 31. + 32. Masche:

Hier ist die Abnahme für den mittleren Socken zu Ende.

die 33. + 34. Masche, die 35. + 36. Masche:

Hier ist die Abnahme für den großen Socken zu Ende.

Die **51.** / **61.** / **71.** Reihe ist wieder zum Ausruhen. Stricke nur rechte Maschen.

52. / **62.** / **72.** Reihe:
Stricke wieder jeweils zwei Maschen zusammen, und zwar:
die 1. + 2. Masche, die 3. + 4. Masche,
die 5. + 6. Masche, die 7. + 8. Masche:

Hier ist die Abnahme für den kleinen Socken zu Ende.

die 13. + 14. Masche, die 15. + 16. Masche:

Hier ist die Abnahme für den mittleren Socken zu Ende.

die 17. + 18. Masche:

Hier ist die Abnahme für den großen Socken zu Ende.

53. / **63.** / **73.** Reihe: Stricke lauter rechte Maschen.

54. / **64.** / **74.** Reihe: Kette die Maschen ab.

Schneide den Faden so lange wie diese Buchseite ab und ziehe ihn durch die letzte Masche hindurch.

Dein Socken sieht jetzt so aus:

Nähe den Socken entlang der schwarzen Linie zu.
Fäden vernähen und abschneiden.
Jetzt nähst du entlang der gelben Linie.
Faden vernähen und abschneiden.

Wende das Söckchen von innen nach außen (die Naht sieht so hübscher aus) und fertig bist du. FAST! Ich denke, du brauchst noch einen zweiten. Stricke ihn genauso wie den ersten.

Besonders hübsch sind diese Schläppchen auch in einer mehrfarbigen Wolle oder in weißer Wolle für ins Bett. Du kannst sie auch mit einer Bommel auf der Spitze oder am Bein, bunten Knöpfen oder Schleifen verschönern.

Socken für neugierige, verwegene und geduldige Stricker

Jetzt kommt das, wovor sich die meisten Leute fürchten. Sie jammern: „Das kann ich nicht, das ist viel zu schwer, das schaffe ich nie, das kann doch kein Mensch können.“ Irrtum!!
Ich finde im Gegenteil: Socken-stricken ist unterhaltsam.
Ein Socken besteht aus drei Teilen und jedes Teil wird anders gestrickt.
Also – es passiert immer etwas Neues.

Trickreich ist nur die Ferse! Wenn du diesen Teil des Sockens stricken kannst, gibt es viele, viele Abwandlungen.

Du kannst
weiße Söckchen mit bunten Ringeln,
Söckchen mit andersfarbiger Ferse und Spitze,
Kniestrümpfe mit vielen bunten Ringeln
oder Rollrandsocken stricken.

Ich habe mein altes Handarbeitsheft der 3. Klasse gefunden und mich daran erinnert, wie ich damals das Sockenstricken gelernt habe und wie leicht das ging. Jetzt möchte ich dir den Trick verraten, wie einfach du wunderschöne Socken stricken kannst. Ein bisschen Geduld brauchst du allerdings, weil es nur mit feiner Wolle feine Socken, Söckchen oder Kniestrümpfe gibt und keine dicken Wadenschoner.

Kaufe also am besten spezielle Sockenwolle.

Ich habe für den gelben Socken auf dem Foto die Wolle Regia 4-fach in Gelb von Schachenmayr Nomotta verwendet (Nr. 2060).

Jetzt strickst du immer in Runden.
Eine Masche rechts, eine Masche links oder zwei Maschen rechts, zwei Maschen links, was dir besser gefällt.

Bevor du zu stricken anfängst, schau dir einmal genau an, woraus ein Socken besteht:

1. Das Bündchen (grün)
2. Die Ferse (orange)
3. Das Käppcher (gelb)
4. Das Zwickelabnehmen (zwischen weiß und rot)
5. Das glatte Stück (rot)
6. Das Schlußabnehmen (blau)

Für ein Paar Socken brauchst du:
1 Spiel Stricknadeln, Stärke 3
100 Gramm Sockenwolle
1 stumpfe Sticknadel
und vielleicht eine Häkelnadel

1. Das Bündchen:

Schlage 56 Maschen an und verteile sie gleichmäßig auf die vier Nadeln.
Du hast auf jeder Nadel 14 Maschen.

Stricke das Bündchen ungefähr 12 cm lang.

Dann kommt

2. Die Ferse:
Du strickst die Maschen der Nadel 1 und der Nadel 4 auf eine Nadel zusammen. Du hast dann auf einer Nadel 28 Maschen. Die Nadel 2 und 3 kannst du fürs erste vergessen.

Diese 28 Maschen strickst du immer hin und her. Auf der rechten Seite rechte Maschen und auf der linken Seite linke Maschen.

Stricke mit diesen 28 Maschen 28 Reihen. Danach stricke

3. Das Käppchen:
Jetzt wird es ein bisschen kompliziert. Am einfachsten ist es, wenn du dir ein Lineal immer unter die Zeile legst, die du gerade strickst.

1. Reihe:
Du hast 28 Maschen auf der Nadel und du bist auf der rechten Seite.
Du strickst 18 Maschen rechts.
Stricke die 19. und die 20. Masche zusammen.
Drehe die Arbeit um, obwohl du noch 8 Maschen auf der Nadel übrig hast.

Hebe die erste Masche ab und
stricke 8 linke Maschen.
Stricke die beiden nächsten Maschen links zusammen.

Drehe die Arbeit um.

Schau dir deine Arbeit an. Du entdeckst 2 Lücken und dazwischen 10 Maschen, davor und dahinter jeweils 8 Maschen. Damit gar nichts schief geht, zeichne ich es dir hier noch einmal auf:

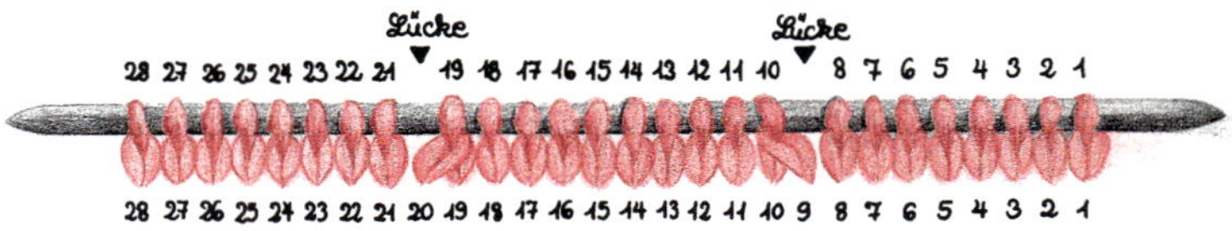

Jetzt geht es weiter:

Hebe die erste Masche ab und
stricke 8 Maschen rechts.
Stricke die Masche **vor** der Lücke und die Masche **nach** der Lücke rechts zusammen.
Wende die Arbeit.

Hebe die erste Masche ab und
stricke 8 Maschen links.
Stricke die Masche **vor** der Lücke und die Masche **nach** der Lücke links zusammen.
Wende die Arbeit.

Hebe die erste Masche ab und
stricke 8 Maschen rechts.
Stricke die Masche **vor** der Lücke und die Masche **nach** der Lücke rechts zusammen.
Die Arbeit wenden.

Hebe die erste Masche ab und
stricke 8 Maschen links.
Stricke die Masche **vor** der Lücke und die Masche **nach** der Lücke links zusammen.
Wende die Arbeit.

Hebe die erste Masche ab und
stricke 8 Maschen rechts.
Stricke die Masche **vor** der Lücke und die
Masche **nach** der Lücke rechts zusammen.
Die Arbeit wenden.

Hebe die erste Masche ab und
stricke 8 Maschen links.
Stricke die Masche **vor** der Lücke und die Masche
nach der Lücke links zusammen.
Wende die Arbeit.

Hebe die erste Masche ab und
stricke 8 Maschen rechts.
Stricke die Masche **vor** der Lücke und die Masche
nach der Lücke rechts zusammen.
Die Arbeit wenden.

Hebe die erste Masche ab und
stricke 8 Maschen links.
Stricke die Masche **vor** der Lücke und die Masche
nach der Lücke links zusammen.
Wende die Arbeit.

Hebe die erste Masche ab und
stricke 8 Maschen rechts.
Stricke die Masche **vor** der Lücke und die Masche
nach der Lücke rechts zusammen.
Die Arbeit wenden.

Hebe die erste Masche ab und
stricke 8 Maschen links.
Stricke die Masche **vor** der Lücke und die Masche
nach der Lücke links zusammen.
Wende die Arbeit.

Hebe die erste Masche ab und
stricke 8 Maschen rechts.
Stricke die Masche **vor** der Lücke und die Masche
nach der Lücke rechts zusammen.
Wende die Arbeit.

Hebe die erste Masche ab und
stricke 8 Maschen links.
Stricke die Masche **vor** der Lücke und die Masche
nach der Lücke links zusammen.
Wende die Arbeit.

Hebe die erste Masche ab und
stricke 8 Maschen rechts.
Stricke die Masche **vor** der Lücke und die Masche
nach der Lücke rechts zusammen.
Die Arbeit wenden.

Hebe die erste Masche ab und
stricke 8 Maschen links.
Stricke die Masche **vor** der Lücke und die Masche
nach der Lücke links zusammen.
Wende die Arbeit.

Hebe die erste Masche ab und
stricke 8 Maschen rechts.
Stricke die Masche **vor** der Lücke und die Masche
nach der Lücke rechts zusammen.
Die Arbeit wenden.

Hebe die erste Masche ab und
stricke 8 Maschen links.
Stricke die Masche **vor** der Lücke und die Masche **nach** der Lücke links zusammen.

Jetzt ist das Käppchen fertig und du hast noch 10 Maschen auf der Nadel.

Nun geht´s weiter mit dem

4. Zwickelabnehmen:
Ab jetzt muß wieder in Runden gestrickt werden.

Damit du das kannst, müssen die 14 Randmaschen auf beiden Seiten aufgefasst werden.
Das geht so:

Stricke zuerst die 10 Maschen rechts.

Fasse mit der Nadel 1 (oder mit der Häkelnadel) die 14 Randmaschen auf.

Dafür ziehst du den Faden von innen nach außen durch die ganze Randmasche. Du hast es einfacher, wenn du eine Häkelnadel benutzt. Mit ihr kannst du den Faden leichter durch die Randmasche ziehen. Hast du das geschafft, dann lege den Faden auf die Stricknadel. Das machst du so lange, bis du 14 Maschen auf der Nadel 1 hast.

Jetzt strickst du die Maschen der Nadel 2 und der Nadel 3 im Muster 1 Masche rechts, 1 Masche links.

Fasse mit der Nadel 4 (oder mit der Häkelnadel) die nächsten 14 Randmaschen auf. Du hast also auch 14 Maschen auf der Nadel 4.

Wenn du deinen Socken vor dich hinlegst, sieht er jetzt so aus:

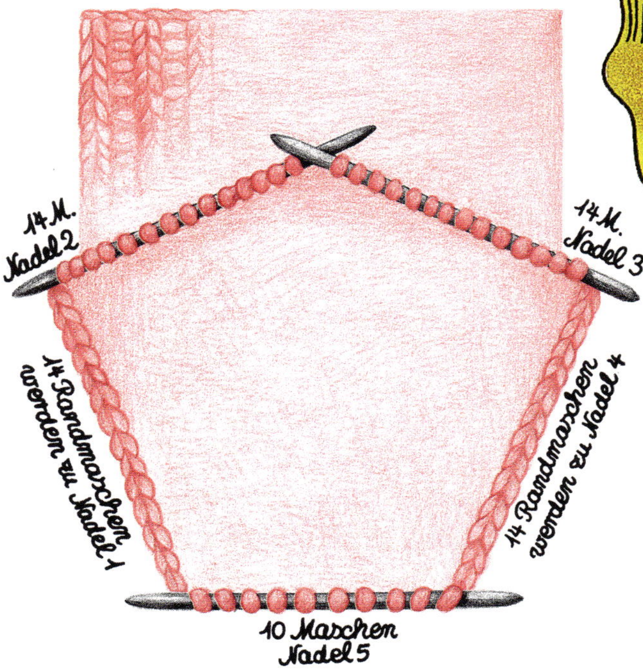

Auf allen 5 Nadeln sind jetzt Maschen. Du brauchst aber die 5. Nadel zum Stricken! Deshalb stricke jetzt 5 Maschen rechts mit der Nadel 4 von der Nadel 5 herunter. Du hast 19 Maschen auf der Nadel 4.
Hebe die 5 restlichen Maschen mit der Nadel 1 von der Nadel 5 herunter.

So, und jetzt ist die Nadel 5 wieder frei zum Stricken.

Du hast nun wieder eine Runde. Aber sie ist noch nicht ganz gleichmäßig rund und für deinen Fuß zu weit. Deshalb kommt jetzt eine Abnahme.

Du hast jetzt 2 Nadeln mit 14 Maschen und 2 Nadeln mit 19 Maschen, man nennt diese auch die langen Nadeln.
Von den beiden langen Nadeln müssen jeweils 5 Maschen verschwinden.

Ab jetzt strickst du nur noch mit rechten Maschen in Runden weiter.

Stricke eine Runde:
die Nadel 1 mit 19 Maschen,
die Nadel 2 mit 14 Maschen,
die Nadel 3 mit 14 Maschen und
die Nadel 4 mit 19 Maschen.

In der nächsten Runde geht es richtig los:
Nadel 1: Stricke 16 Maschen,
stricke 2 Maschen rechts zusammen,
stricke 1 Masche.
Nadel 2 und Nadel 3: einfach nur rechte Maschen stricken.
Nadel 4: stricke die 1. Masche rechts,
hebe die 2. Masche ab,
stricke die 3. Masche rechts und ziehe die abgehobene Masche über diese Masche (wie auf der Zeichnung zum Abketten auf Seite 8),
stricke die restlichen 16 Maschen rechts.

Jetzt kommt eine Runde, in der du nur rechte Maschen strickst.
Auf der Nadel 1 sind 18 Maschen,
auf der Nadel 2 sind 14 Maschen,
auf der Nadel 3 sind 14 Maschen,
auf der Nadel 4 sind 18 Maschen.

Und weiter geht es:
Nadel 1: Stricke 15 Maschen,
stricke 2 Maschen rechts zusammen,
stricke 1 Masche.
Nadel 2 und Nadel 3: einfach nur rechte Maschen stricken.
Nadel 4: stricke die 1. Masche rechts,
hebe die 2. Masche ab,
stricke die 3. Masche rechts und ziehe die abgehobene Masche über diese Masche,
stricke die restlichen 15 Maschen rechts.

Jetzt kommt eine Runde, in der du nur rechte Maschen strickst.
Auf der Nadel 1 sind 17 Maschen,
auf der Nadel 2 sind 14 Maschen,
auf der Nadel 3 sind 14 Maschen,
auf der Nadel 4 sind 17 Maschen.

Die nächste Runde:
Nadel 1: Stricke 14 Maschen,
stricke 2 Maschen rechts zusammen,
stricke 1 Masche.
Nadel 2 und Nadel 3: einfach nur rechte Maschen stricken.
Nadel 4: stricke die 1. Masche rechts,
hebe die 2. Masche ab,
stricke die 3. Masche rechts und ziehe die abgehobene Masche über diese Masche,
stricke die restlichen 14 Maschen rechts.

Wieder eine Runde mit rechten Maschen.
Auf der Nadel 1 sind 16 Maschen,
auf der Nadel 2 sind 14 Maschen,
auf der Nadel 3 sind 14 Maschen,
auf der Nadel 4 sind 16 Maschen.

Und auf zur nächsten Abnahmerunde:
Nadel 1: Stricke 13 Maschen,
stricke 2 Maschen zusammen,
stricke 1 Masche.
Nadel 2 und Nadel 3: einfach nur rechte Maschen stricken.
Nadel 4: stricke die 1. Masche rechts,
hebe die 2. Masche ab,
stricke die 3. Masche rechts und ziehe die abgehobene Masche über die 3. Masche,
stricke die restlichen 13 Maschen rechts.

Wieder eine Runde nur mit rechten Maschen.
Auf der Nadel 1 sind 15 Maschen,
auf der Nadel 2 sind 14 Maschen,
auf der Nadel 3 sind 14 Maschen,
auf der Nadel 4 sind 15 Maschen.

Die letzte Runde:
Nadel 1: Stricke 12 Maschen,
stricke 2 Maschen zusammen,
stricke 1 Masche.
Nadel 2 und Nadel 3: einfach nur rechte Maschen stricken.
Nadel 4: stricke die 1. Masche rechts,
hebe die 2. Masche ab,
stricke die 3. Masche rechts und ziehe die abgehobene Masche über die 3. Masche,
stricke die restlichen 12 Maschen rechts.

So, jetzt hast du auf allen 4 Nadeln wieder 14 Maschen.

Nun passiert ganz lange nichts, denn du strickst

5. Das glatte Stück:

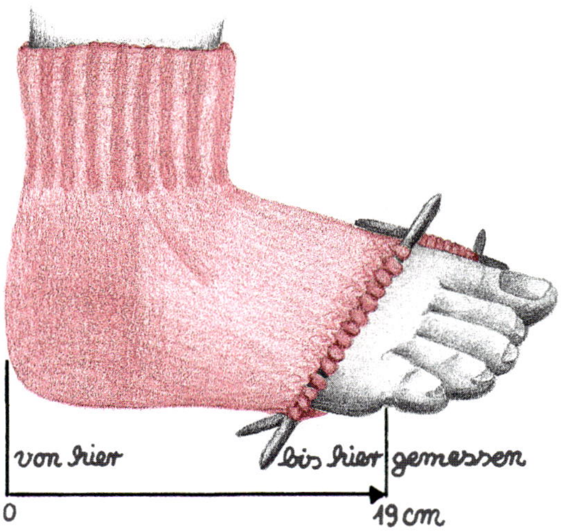

Stricke immer rechte Maschen, bis dein Socken ungefähr 19 cm lang ist. Wenn du ihn anprobierst und du bist bei deinem kleinen Zeh angekommen, dann folgt das

6. Schlußabnehmen:

Bei diesem Abnehmen passiert auf allen 4 Nadeln etwas. Die Stellen, an denen du abnimmst, liegen an der rechten und an der linken Seite des Fußes.

Du nimmst so ab:

Beginne wieder mit der Nadel 1.
Nadel 1: Stricke 11 Maschen,
hebe die 12. Masche ab,
stricke die 13. Masche,
ziehe die 12. Masche über die 13. Masche, stricke die 14. Masche.
Nadel 2: Stricke die 1. Masche,
stricke die 2. und 3. Masche zusammen,
stricke 11 Maschen.
Nadel 3: Stricke 11 Maschen,
hebe die 12. Masche ab,
stricke die 13. Masche,
ziehe die 12. Masche über die 13. Masche,
stricke die 14. Masche.
Nadel 4: Stricke die 1. Masche,
stricke die 2. und 3. Masche zusammen,
stricke 11 Maschen.

Wieder eine Ausruhrunde. Stricke nur rechte Maschen.
Du hast auf jeder Nadel 13 Maschen.

Dann wird wieder abgenommen:
Nadel 1: Stricke 10 Maschen,
hebe die 11. Masche ab,
stricke die 12. Masche,
ziehe die 11. Masche über die 12. Masche, stricke die 13. Masche.
Nadel 2: Stricke die 1. Masche,
stricke die 2. und 3. Masche zusammen,
stricke 10 Maschen.
Nadel 3: Stricke 10 Maschen,
hebe die 11. Masche ab,
stricke die 12. Masche,
ziehe die 11. Masche über die 12. Masche, stricke die 13. Masche.

Nadel 4: Stricke die 1. Masche,
stricke die 2. und 3. Masche zusammen,
stricke 10 Maschen.

Die nächste Runde strickst du nur rechte Maschen.
Du hast 12 Maschen auf jeder Nadel.

Und weiter gehts mit einer Abnahmerunde:

Nadel 1: Stricke 9 Maschen,
hebe die 10. Masche ab,
stricke die 11. Masche,
ziehe die 10. Masche über die 11. Masche, stricke die 12. Masche.

Nadel 2: Stricke die 1. Masche,
stricke die 2. und 3. Masche zusammen,
stricke 9 Maschen.

Nadel 3: Stricke 9 Maschen,
hebe die 10. Masche ab,
stricke die 11. Masche,
ziehe die 10. Masche über die 11. Masche, stricke die 12. Masche.

Nadel 4: Stricke die 1. Masche,
stricke die 2. und 3. Masche zusammen,
stricke 9 Maschen.

Wieder eine Runde mit nur rechten Maschen.
Du hast auf jeder Nadel 11 Maschen.

Und wieder eine Abnahmerunde:

Nadel 1: Stricke 8 Maschen,
hebe die 9. Masche ab,
stricke die 10. Masche,
ziehe die 9. Masche über die 10. Masche, stricke die 11. Masche.

Nadel 2: Stricke die 1. Masche,
stricke die 2. und 3. Masche zusammen,
stricke 8 Maschen.

Nadel 3: Stricke 8 Maschen,
hebe die 9. Masche ab,
stricke die 10. Masche,
ziehe die 9. Masche über die 10. Masche, stricke die 11. Masche.

Nadel 4: Stricke die 1. Masche,
stricke die 2. und 3. Masche zusammen,
stricke 8 Maschen.

Die nächste Runde stricke nur rechte Maschen.
Du hast 10 Maschen auf jeder Nadel.

Und wieder eine Abnahmerunde:

Nadel 1: Stricke 7 Maschen,
hebe die 8. Masche ab,
stricke die 9. Masche,
ziehe die 8. Masche über die 9. Masche,
stricke die 10. Masche.

Nadel 2: Stricke die 1. Masche,
stricke die 2. und 3. Masche zusammen,
stricke 7 Maschen.

Nadel 3: Stricke 7 Maschen,
hebe die 8. Masche ab,
stricke die 9. Masche,
ziehe die 8. Masche über die 9. Masche,
stricke die 10. Masche.

Nadel 4: Stricke die 1. Masche,
stricke die 2. und 3. Masche zusammen,
stricke 7 Maschen.

Wieder eine Runde mit nur rechten Maschen.
Du hast auf jeder Nadel 9 Maschen.

Dann:

Nadel 1: Stricke 6 Maschen,
hebe die 7. Masche ab,
stricke die 8. Masche,
ziehe die 7. Masche über die 8. Masche,
stricke die 9. Masche.

Nadel 2: Stricke die 1. Masche,
stricke die 2. und 3. Masche zusammen,
stricke 6 Maschen.

Nadel 3: Stricke 6 Maschen,
hebe die 7. Masche ab,
stricke die 8. Masche,
ziehe die 7. Masche über die 8. Masche,
stricke die 9. Masche.

Nadel 4: Stricke die 1. Masche,
stricke die 2. und 3. Masche zusammen,
stricke 6 Maschen.

Die nächste Runde stricke nur rechte Maschen.
Du hast 8 Maschen auf jeder Nadel.

Und wieder eine Abnahmerunde:

Nadel 1: Stricke 5 Maschen,
hebe die 6. Masche ab,
stricke die 7. Masche,
ziehe die 6. Masche über die 7. Masche,
stricke die 8. Masche.

Nadel 2: Stricke die 1. Masche,
stricke die 2. und 3. Masche zusammen,
stricke 5 Maschen.

Nadel 3: Stricke 5 Maschen,
hebe die 6. Masche ab,
stricke die 7. Masche,
ziehe die 6. Masche über die 7. Masche,
stricke die 8. Masche.

Nadel 4: Stricke die 1. Masche,
stricke die 2. und 3. Masche zusammen,
stricke 5 Maschen.

In der nächsten Runde nur rechte Maschen stricken.
Du hast auf jeder Nadel 7 Maschen.
Das ist die letzte Runde, in der du ohne Abnahme strickst.

Ab jetzt nimmst du in jeder Runde ab.

Nadel 1: Stricke 4 Maschen,
hebe die 5. Masche ab,
stricke die 6. Masche,
ziehe die 5. Masche über die 6. Masche,
stricke die 7. Masche.

Nadel 2: Stricke die 1. Masche,
stricke die 2. und 3. Masche zusammen,
stricke 4 Maschen.

Nadel 3: Stricke 4 Maschen,
hebe die 5. Masche ab,
stricke die 6. Masche,
ziehe die 5. Masche über die 6. Masche,
stricke die 7. Masche.

Nadel 4: Stricke die 1. Masche,
stricke die 2. und 3. Masche zusammen,
stricke 4 Maschen.

Du hast 6 Maschen auf jeder Nadel.

Auch in der nächsten Runde nimmst du gleich wieder ab.

Nadel 1: Stricke 3 Maschen,
hebe die 4. Masche ab,
stricke die 5. Masche,
ziehe die 4. Masche über die 5. Masche,
stricke die 6. Masche.

Nadel 2: Stricke die 1. Masche,
stricke die 2. und 3. Masche zusammen,
stricke 3 Maschen.

Nadel 3: Stricke 3 Maschen,
hebe die 4. Masche ab,
stricke die 5. Masche,
ziehe die 4. Masche über die 5. Masche,
stricke die 6. Masche.

Nadel 4: Stricke die 1. Masche,
stricke die 2. und 3. Masche zusammen,
stricke 3 Maschen.

Du hast auf jeder Nadel 5 Maschen.

Und gleich geht es weiter:

Nadel 1: Stricke 2 Maschen,
hebe die 3. Masche ab,
stricke die 4. Masche,
ziehe die 3. Masche über die 4. Masche,
stricke die 5. Masche.

Nadel 2: Stricke die 1. Masche,
stricke die 2. und 3. Masche zusammen,
stricke 2 Maschen.

Nadel 3: Stricke 2 Maschen,
hebe die 3. Masche ab,
stricke die 4. Masche,
ziehe die 3. Masche über die 4. Masche,
stricke die 5. Masche.

Nadel 4: Stricke die 1. Masche,
stricke die 2. und 3. Masche zusammen,
stricke 2 Maschen.

Du hast 4 Maschen auf jeder Nadel.

Nun nimmst du wieder ab:

Nadel 1: Stricke 1 Masche,
hebe die 2. Masche ab,
stricke die 3. Masche,
ziehe die 2. Masche über die 3. Masche,
stricke die 4. Masche.

Nadel 2: Stricke die 1. Masche,
stricke die 2. und 3. Masche zusammen,
stricke 1 Masche.

Nadel 3: Stricke 1 Masche,
hebe die 2. Masche ab,

stricke die 3. Masche,
ziehe die 2. Masche über die 3. Masche,
stricke die 4. Masche.

Nadel 4: Stricke die 1. Masche,
stricke die 2. und 3. Masche zusammen,
stricke 1 Masche.

Du hast auf jeder Nadel 3 Maschen.

Und jetzt kommt die letzte Runde:

Nadel 1: Hebe die 1. Masche ab,
stricke die 2. Masche,
ziehe die 1. Masche über die 2. Masche,
stricke die 3. Masche.

Nadel 2: Stricke die 1. Masche,
stricke die 2. und 3.
Masche zusammen.

Nadel 3: Hebe die 1. Masche ab,
stricke die 2. Masche,
ziehe die 1. Masche über die 2. Masche,
stricke die 3. Masche.

Nadel 4: Stricke die 1. Masche,
stricke die 2. und 3. Masche
zusammen.

Du hast auf allen Nadeln noch 2 Maschen.

Schneide einen langen Faden ab.

Ziehe den Faden mit der Sticknadel durch die Maschen ins Sockeninnere. Ziehe das kleine Loch zu und vernähe den Faden. Vergiß nicht, den Faden vom Anfang auch zu vernähen.

Dieses war der erste Streich, doch der zweite folgt sogleich!
Schließlich brauchst du noch einen zweiten Socken.
Stricke ihn ganz genauso wie den ersten.

Bibliografische Information Der Deutschen Bibliothek
Die Deutsche Bibliothek verzeichnet diese Publikation in der Deutschen Nationalbibliografie; detaillierte bibliografische Daten sind im Internet über http://dnb.ddb.de abrufbar

Die im Buch veröffentlichten Ratschläge wurden von Verfasserin und Verlag sorgfältig erarbeitet und geprüft. Eine Garantie kann dennoch nicht übernommen werden. Ebenso ist eine Haftung der Verfasserin bzw. des Verlages und seiner Beauftragten für Personen-, Sach- und Vermögensschäden ausgeschlossen.

Bei der Anwendung im Unterricht und in Kursen ist auf dieses Buch hinzuweisen.

Fotografie: Klaus Lipa, Augsburg
Lektorat: Margit Bogner
Illustrationen: Charmaine Müller
Anleitungszeichnungen: Claudia Wiedenroth, Niederstaufen
Umschlagkonzeption: Zero Werbeagentur, München
Umschlaglayout: Karin Kristen

Autorin und Verlag danken Dalya Sözen für ihre Zeichnung, die auf dem Umschlag verwendet wurde. Ein herzliches Dankeschön geht außerdem an die Firma Schachenmayr, Mann & Cie. GmbH, Salach, für die freundliche Unterstützung und an die „Fotomodelle" Lena und Moritz Schwarz und Philipp Dachser.

Layout und Satz: satz studio, Bäumenheim
Reproduktion: Mayr Reprotechnik, Donauwörth
Druck und Bindung: Appl, Wemding

Gedruckt auf 115 g umweltfreundlich chlorfrei oder elementar chlorfrei gebleichtes Papier.

ISBN 3-426-66797-5

Printed in Germany

www.knaur.de